KB089754

2016 '작가'가 선정한

오늘의 영화

작가

'작가'가 선정한 열한 번째 '오늘의 영화들'

— 〈베테랑〉과 〈매드맥스: 분노의 도로〉 등 22편

『2016 '작가'가 선정한 오늘의 영화』로 한국 영화건 외국 영화건 공히 11편씩 선정됐다. 그 중 최다 득표를 한 영화들은 〈베테랑〉과 〈매드맥스: 분노의 도로〉다. 류승완 감독은 "늘 특유의 장인 의식과 장르 쾌감, 영화적 재미 등을 무기로, 사회적 층위에서건 개인적 층위에서건, 자기만의 유의미한 문제의식을 극화해왔"는바, "그 정점에 다름 아닌 〈베테랑〉이 위치한다." 〈매드맥스〉는 한국을 포함 "세계적으로도 흥행 열풍과 비평적 성공을 동시에 거두며 탈주의 매혹을 발산한다. 특히 전형적인 액션 영화 시리즈의 캐릭터 구도를 벗어난 여전사의 전면화와 자유를 향한 연대감 넘치는 투쟁은 예상된 장르의 틀을 전복시키는 쾌거를 증명해낸다."

참고삼아 나머지 영화들을 밝히면 한국은 〈암살〉, 〈내부자들〉 & 〈내부자들: 디 오리지널〉, 〈성실한 나라의 앨리스〉, 〈지금은맞고그때는틀리다〉, 〈사도〉, 〈무뢰한〉, 〈위로공단〉, 〈소수의견〉, 〈극비수사〉, 〈한여름의 판타지아〉이며, 외국은 〈위플래쉬〉, 〈버드맨〉, 〈더 랍스터〉, 〈킹스맨〉, 〈시카리오〉, 〈내일을 위한 시간〉, 〈인사이드 아웃〉, 〈이다〉, 〈바닷마을 다이어리〉, 〈마션〉이다.

다들 선정될 만한 영화들임은 두말할 나위 없다. 그럼에도 늘 그랬듯 흥미, 어느 모로는 당혹스러운 건 비선택된 일련의 영화들의 면면이다. 당장 지난 수십 년 간 한국 영화를 대표해 온 임권택 감독의 102번째 연출 나들이 〈화장〉이 11편 안에도 들지 못했다는 사실을 어떻게 이해해야 할까? 이상문학상 등을 거머쥔, 김훈의 동명 원작이 받은 평가를 감안하면 당혹은 더욱 커

신다. 일찍이 조정래의 걸작 대하소설 『태백산맥』를 영화화했던 〈태백산맥〉의 낭패를 또 한 차례 맛본 것일까. 노거장이 언론 · 배급 시사회 인사말에서 "지난 작품들과 다른, 확실한 차별화를 꾀했다."고 강변했거늘, 혹 그 '차별화'가 제대로 전달되지 않은 걸까. 그 차별화를 관객은 말할 것 없고 명색이 전문가들도 읽어내지 못한 건 아닐까. 아니면 감독의 의도한 그 차별화가 의도만큼 극화되지 못한 걸까.

〈무뢰한〉을 제외한 〈오피스〉, 〈마돈나〉, 〈차이나타운〉 등 2015년 칸에 초청됐던 일군의 영화들에 눈길을 던져도 당혹스럽기는 매한가지다. 이들은 한결같이 상대적 저예산으로 만들어졌으며 소위 '작가성'을 겸비한, 그래서 일반 관객들보다는 전문가들의 성원이 필요한 문제적 수작들 아닌가. 결국 세계 최고 영화제라는 칸의 권위는커녕 그들의 선택은 우리네 선정 위원들과는 무관한 저들만의 리그인 것일까. 외국 영화로 시선을 틀면 당혹을 넘어 충격적이다.

2015년 베를린 황금곰상을 수상한 자파르 파나히의 〈택시〉가 선택 받지 못한 것은 근자 들어 사그라진 이란 영화의 인기 탓 등이려니 치자. 2015년과 2014년에 영예의 칸 황금종려상을 안은 〈디판〉과 〈윈터 슬립〉 중 한 편도 선택되지 않았다는 것을 도대체 어떻게 받아들여야 할까. 베를린 황금곰상은 물론이고 칸 황금종려상은 한국 영화계가 바라고 또 바라마지 않는 역사적 성취 아닌가? 박찬욱 감독이 신작 〈아가씨〉로 4년 만에 경쟁 부문에 진출했다고 기뻐하고, 벌써부터 수상 가능성까지 점치고 있는 건 그만큼 칸의 위상, 위용이 대단해서 아닌가. 헌데 영예의 그 최고상 수상작들이 흥행은 고사하고 전문가들이 뽑는 베트스 10 안에도 끼지 못한다면, 그 수상이 대체 무슨 의미가 있는 걸까.

칸의 선택은 물론 무의미한 게 아니다. 아니, 여전히 '파워풀'하다. 이번에 뽑힌 11편의 외국 영화 가운데 무려 6편이 칸 초청작이다. 심사위원상을 받은 〈더 랍스터〉를 비롯해 〈시카리오〉, 〈바닷마을 다이어리〉는 2015년, 〈내일을 위한 시간〉은 2014년 경쟁 부문에 초청됐다. 〈매드맥스〉와 〈인사이드 아웃〉은 2015년 칸 비경쟁 부문에서 선보였다. 〈매드맥스〉는 그 기세를 몰아, 2015년 칸 심사위원대상과 2016년 아카데미 최우수외국어영화상 등을 휩쓴 〈사울의 아들〉 등을 제치고, 국제영화비평가연맹 선정 2015년 세계 최고 영화로 간택되기도 했다. 이전에도 상황은 별반 다르지 않다.

새삼 중요하게 다가서는 건 영화적 · 문화적 취향과 지향, 판단, 평가 등의 '차이' 다. 서구 중심으로 구성되기 마련인 9인의 칸 경쟁 심사위원들의 선택이 보편적이기는 애당초 불가능하다. 뿐만 아니라 그들이 세상의 수많은 영화 전문가와 애호가들의 선택을 대표 · 대변할 순 없다. 그 차이는 국내에서도 다를 게 없다. 지난 1월 한국영화기자협회 소속 기자들이 선택한 최우수작품상은 이준익 감독의 〈사도〉였다. 〈베테랑〉은 감독상이었다. 2015년 한국영화평론가협회상에서도 마찬가지였다. 하지만 몇 개월 새, 그 결과는 뒤바뀌었다. 그것도 상당한 득표 수 차이로 말이다!

지난해엔 〈명량〉이 최종 승자가 되기 위해서 열띤 경합을 벌여야 했다. 장률 감독의 〈경주〉, 홍상수 감독의 〈자유의 언덕〉, 한수진 감독의 〈한공주〉 등과, 막판에는 김성훈 감독의 〈끝까지 간다〉와 한판 승부를 겨뤄야 했다. 표 차이도 거의 나지 않아, '오늘의 영화' 기획위원들의 고른 지지가 아니라면 〈명량〉이 아닌 〈끝까지 간다〉가 위너가 될 수도 있었다. 하지만 이번에는 달랐다. 〈암살〉부터 〈사도〉까지는 겨우 1표씩밖에 차이가 나지 않았으나, 1위작과 2위작 간에는 10표 가까운 큰 차이가 났다. '압도적' 표차라고 해도 과언이 아니었다. 가령 종합 포털 사이트 네이버에 소개된 전문가 평점—영화 전문 주간지 《씨네21》 기자나 관련 평론가들이 주를 이룬다—과는 상당히 다른 그 차이는 어디서 비롯된 것일까. 아무래도 영화 전문가들만이 아니라, 타 분야 전문가들이 대거 선정 위원들로 참여했기 때문 아닐까 싶다. 상대적으로 영화적 전문성이 부족한 그들에겐 대중성 강한 큰 영화들이 절대적으로 유리하다고 할까. 〈베테랑〉도 그렇지만, 〈암살〉, 〈내부자들〉 같은 흥행 대작들이 〈지금은맞고그때는틀리다〉 같은 저예산 소품보다 득표를 훨씬 더 많이 할 수 있는 확률이 높은 것이다.

한국 영화에서는 〈베테랑〉이 압도적 우위를 점한 것과는 달리, 외국 영화의 경우 〈매드맥스〉와 〈위플래쉬〉가 고작 1표 차로 정상 자리가 갈렸다. 반면 2위와 3위 간의 표차는 9표였다. 이 역시 상당한 표차인바, 아카데미 최우수작품상(〈버드맨〉)이란 명예—지난해에 〈노예 12년〉은 10편 내에 진입하지 못했다!—도 결정적 역할을 하지 못한 것이다. 외국 영화 목록 중 개인적으로 가장 눈길이 가는 건 〈킹스맨〉이다. 전혀 예상치 못했는데 상당한 득표를 했다. 필자 임대근 교수의 리뷰가 한층 더 흥미롭게 다가서는 이유다.

이 자리를 빌려 열한 번째로 세상 빛을 보는 『2016 '작가'가 선정한 오늘의 영화』 전 필자들에게 크고 깊은 감사를 전한다. 그들의 리뷰를 읽다 보면 필자 개개인의 개성적 영화 보기나 글쓰기 등에 크고 작은 매혹을 느낄 수 있을 것이다. 스물두 편의 리뷰에 스물두 개의 색깔이 발산된다고 할까. 바쁜 와중에 인터뷰에 응해 주고, 평이한 질문들에 알찬 답변들로 화답해 준 류승완 감독에게도 각별한 고마움을 전한다. 단언컨대 그 인터뷰는 감독으로서 류승완만이 아니라 인간 류승완의 진면모를 확실히 드러내 준다. 15년여의 짧지 않은 세월을 지켜본 내게도 큰 배움, 큰 깨달음 등을 선사하면서…….

2016년 4월
기획위원을 대표해 전찬일

contents

_ 펴내면서

한국 영화

contents

한국 영화

베테랑
›››류승완 감독

극비수사
›››곽경택 감독

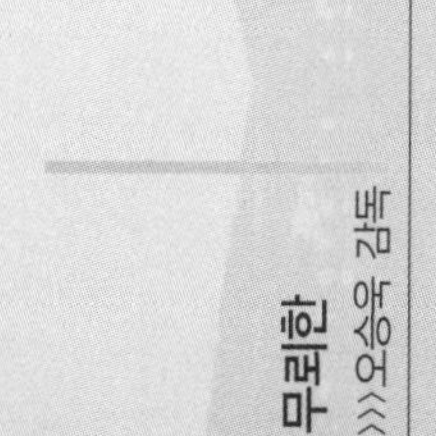

무뢰한
›››오승욱 감독

내부자들
›››우민호 감독

사도
›››이준익 감독

소수의견
›››김성제 감독

성실한 나라의 앨리스

›››안국진 감독

암살

›››최동훈 감독

한국 영화

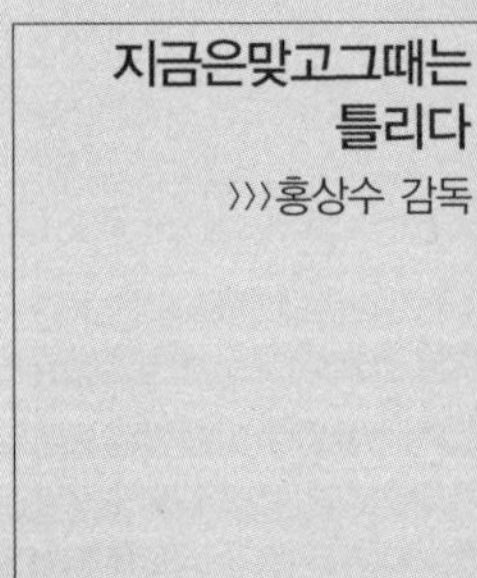

지금은맞고그때는 틀리다

›››홍상수 감독

위로공단

›››임흥순 감독

한여름의 판타지아

›››장건재 감독

류승완 감독

베테랑

제작/ 외유내강
감독/ 류승완
출연/ 황정민, 유아인, 유해진, 오달수, 장윤주, 김시후, 오대환, 정웅인
각본/ 류승완
촬영/ 최영환
조명/ 김호성
음향/ 김창섭
음악/ 방준석
무술/ 정두홍, 정윤형
편집/ 김재범, 김상범

비현실적인 듯하나 실은 설득력 가득한 성격화는, 언뜻 통속적으로 비치는 영화를 비통속적 차원으로 비상시킨다. 영화 즐기기의 '부담' 도 덜어 주며, 재미도 배가시켜 준다. 자칫 지나치게 나이브하게 여겨질 수도 있을 '좋은 프로타고니스트들' 대 '나쁜 안타고니스트들' 이라는 이분법적 설정도 대중 영화로서 〈베테랑〉의 큰 미덕으로 작용한다. 무엇보다 출연진들의 사실감 넘치는 연기들 덕분이다. 달리 말하면 감독의 연기 연출도 최고 수준인 것. 돌이켜보건대 류승완의 연기 연출력을 늘 수준급이었다. 기성의 스타급 배우들이건 신인급 무명 배우들이건 예외가 없었다. 그만큼 연기 만족도가 높았다는 의미일진대, 그 중에서도 〈베테랑〉은 최상이라 할 수 있다.

— 본문 中

시대적 의미를 오락적 재미로 풀어낸, 류승완 영화 세계의 어떤 정점

— 류승완 감독의 〈베테랑〉

전찬일

〈베테랑〉은 "베테랑 광역수사대"와 "유아독존 재벌 3세" 간의 한판 대결을 더 할 나위 없이 유려한 극적 리듬으로 펼쳐 보이는 휴먼 액션 드라마다. 그 드라마에 수사대의 주역인 서도철(황정민 분)을 중심으로 펼쳐지는 사적 · 공적 에피소드들과, 재벌 3세 조태오(유아인)를 축으로 벌어지는 다양한 에피소드들이 덧붙여진다. 사실 그 다채로운 드라마를 그저 지켜보는 맛만으로도 영화는 여간 통쾌한 게 아니다. 〈왕의 남자〉(2005)로 일찌감치 천만 고지를 넘은 바 있고, 최근에는 〈사도〉와 〈동주〉로 그 존재감을 단연 빛내고 있는 이준익 감독마저 열등감을 느낀다는 그 '통쾌함' (《조선일보》 4월 9일 자, "[Why] '열등감' 을 찍었다… 나도 그런 존재니까" 참고)이야말로 이 영화의 으뜸 강점이다. 특히 한국 영화사상 최초로 서울 명동의 8차선 도로 한복판을 통제하며, 80여 대의 차량을 투입해

4일 밤에 걸쳐 촬영했다는 결말부의 클라이맥스 시퀀스는 가히 엑스터시적 카타르시스를 만끽시켜 준다.

제목이 지시하듯, 두 세勢 사이의 치명적 대결의 승자가 수사대임은 두말할 나위 없다. 경제가 정치를 좌지우지하는 이 신자유주의 시대에 그다지 특별할 것도 없는 일선 5인조 특수 경찰 팀이 세상 무서울 게 없을 막강 재벌 3세를 상대로 싸워 이긴다? 지나치게 현실감이 결여된, 무모한 극적 설정 아닐까. 지나치게 판타지적인 건 아닐까. 최동훈 감독의 〈암살〉도 그런 판타지적 결말을 통해 영화를 만든 이들의, 정확히는 대중 관객의 욕망을 해소 · 충족시키더니 〈베테랑〉도 그런 손쉬운 해결을 취하는 건 아닐까. 리얼리스트로서의 견지에서 보자면 판단컨대 그런 감이 없지 않다. 그

로 인해 영화에 크고 작은 비판이 가해진다 한들 하등 이상할 게 없다.

〈베테랑〉이 장르 컨벤션에 충실한 대중 상업 영화라는 숙명을 띠고 있고, 그 숙명의 길을 결코 벗어날 수 없다는 사실 등을 감안하면 그러나 그런 비판쯤은 별 게 아니다. 관건은 해피 엔딩이며 그 엔딩이 주는 통쾌함, 그리고 그 엔딩에 이르는 과정의 설득력인 것이다. 〈베테랑〉은 대다수 드라마의 '무엇'이 아니라, 소포클레스의 고전 그리스 비극 〈오이디푸스 왕〉 유의 '어떻게'로 승부를 건다. 관객에게 미리 그 결과를 알려주고 펼치는 게임인바 그만큼 위험 부담이 컸던 셈이었는데, 그 부담을 감독은 능숙하게 요리해 1,300만 명이 넘는 기록적 흥행과 더불어, 2016년 작가가 선정한 최고의 한국 영화에 오르는 등의 흔치 않은 비평적 개가까지 이뤄냈다. 놀랍지 않은가.

베테랑의 사전적 정의는 "어떤 분야에 오랫동안 종사하여 기술이 뛰어나거나 노련한 사람"이다. 이제 40대 초반이며 단편 〈변질헤드〉(1996)까

지 포함해 연출 경력 20년에 지나지 않는 류승완 감독은 외연 상 결코 베테랑일 수 없다. 하지만 내포적으로는 그 어느 베테랑 선배 감독을 능가하는 베테랑다운 면모를 뽐낸다. 위 이준익의 열등감이 립 서비스만은 아닐 어떤 경지를 과시한다고 할까. 무엇보다 그 비교 대상을 차지 쉽지 않을 성격화Characterization와 연기를 통해서다.

서도철은 탄력적 원칙주의자로 "한 번 꽂힌 것은 무조건 끝을 보는 행동파"다. 서도철과 한 팀인 오팀장(오달수)은 승진에 목매는 속물인 듯해도 결정적 순간에는 의리를 아는 "20년 경력의 승부사"다. 위장 전문인 미스봉(장윤주)은 홍일점으로 팀의 분위기를 살려줄 뿐 아니라, 서도철 못잖은 행동파로 팀에 지대한 기여를 한다. 왕형사(오대환)와 막내 윤형사(김시후)도 상대적으로 극적 비중은 약해도, 팀의 구성원으로 제 몫을 톡톡히 수행한다. 헌데 5인으로 이뤄진 이 특수 강력 사건 담당 팀은 이런 유의 여느 영화들에서 보아온 경찰들과는 달라도 꽤 다르다. 소소한 갈등들은 있어도 구성원들 간에 배신 따위는 존재하지 않는다. 외려 인간적 정감, 신뢰와 헌신, 희생이 모두를 관류한다. 오 팀장만이 아니라 한결같이 의리 만점이다. 〈투캅스〉의 경찰들과는 달리, 비리나 부패와도 거리가 멀다. 그것은 자기들이 돈이 없지 '가오'가 없냐는, 어느 모로는 진부하기도 하나 효과 만점의 서도철 대사로 대변된다. 〈공공의 적〉 시리즈의 강철중처럼 극단적이거나 초법적이지도 않다. 감독도 역설했듯, 서도철을 포함한 그 팀은 법의 테두리 안에서 맹활약을 펼친다. 그 얼마나 그럴 듯하면서도 참신한 설정인가. 제목 그대로 '베테랑 팀'인 것이다.

위 베테랑 광역수사대 같은 '정의로운' 경찰만 있는 건 아니다. 영화 플롯을 추동시키는 핵심 사건인, 대형 트럭을 모는 배 기사(정웅인)의 죽음을 철저히 파헤치기는커녕 적당히 얼버무리고 넘어가려는, 그렇고 그런 관할지역 경찰들이 등장해 영화의 사실감을 높여준다. 이렇듯 대조적 경찰 캐릭터들의 설정은 단선적으로 흐르기 십상인 영화에 복합성과 현실성을 배가시킨다. 조태오와 그의 아버지 조 회장(송영창), 조태오의 오른팔 최상무(유해진) 등 안타고니스트적 캐릭터들은 어떤가. 혹자는 그런 막가파 재벌이 어디 있냐고, 너무 현실감이 결여돼 있는 게 아니냐는 등의 불만을 터뜨릴 순 있겠다. 하지만 그런 에피소드들은 그 간 언론 매체 등을 통해 수없이 겪어 오지 않았는가. 지난해엔 국내 굴지의 재벌 가 롯데 그룹을 둘러싼 막장 드라마도 목격하지 않았는가. 그것만이 아니다. 영화의 거의 모든 캐릭터들은 작가 겸 감독의 취재 · 경험 등에 근거해 탄생, 빚어졌다지 않은가. 영화적 효과를 위해 다소간의 과장이나 정형화가 동원됐다 할지라도….

위와 같이 비현실적인 듯하나 실은 설득력 가득한 성격화는, 언뜻 통속

적으로 비치는 영화를 비통속적 차원으로 비상시킨다. 영화 즐기기의 '부담' 도 덜어 주며, 재미도 배가시켜 준다. 자칫 지나치게 나이브하게 여겨질 수도 있을 '좋은 프로타고니스트들' 대 '나쁜 안타고니스트들' 이라는 이분법적 설정도 대중 영화로서 〈베테랑〉의 큰 미덕으로 작용한다. 무엇보다 출연진들의 사실감 넘치는 연기들 덕분이다. 달리 말하면 감독의 연기 연출도 최고 수준인 것. 돌이켜보건대 류승완의 연기 연출력은 늘 수준급이었다. 기성의 스타급 배우들이건 신인급 무명 배우들이건 예외가 없었다. 그만큼 연기 만족도가 높았다는 의미일진대, 그 중에서도 〈베테랑〉은 최상이라 할 수 있다.

황정민, 오달수 등에 대해서는 새삼 말하지 않으련다. 이들의 연기는 으레 최고였음에도, 〈베테랑〉에서는 그 간 그들이 펼쳐온 연기의 자장 안에 놓여 있다. 당장 〈국제시장〉의 콤비 플레이를 떠올려 보라. 영화의 큰 흠

일 수도 있을, 크고 작은 기시감이 밀려온다. 놀라운 점은 그런 기시감들이 영화의 재미나 의미를 거의 훼손시키지 않는다는 것이다. 큰 칭찬은 특히 두 배우 유아인과 장윤주로 향해야 한다. 영화로 한정하자. 유아인이 대중적 영화배우로서 그 존재감을 확실히 각인시킨 것은 이한 감독의 〈완득이〉(2011)를 통해서다. 빈말이 아니라 유아인이 완득이였다. 예나 지금이나 유아인 아닌 완득이는 상상조차 할 수 없다.

〈완득이〉보다 4년 쯤 뒤 선보인 〈베테랑〉의 조태오는 완득이와는 180도 다른, 그것도 희대의 악당 캐릭터다. 내가 기억하는 한국 영화 속 최대 악당은 〈악마를 보았다〉(2010, 김지운)의 장경철(최민식)인바, 조태오는 그에 버금가는 악당이다. 장경철 같은 연쇄 살인범이 아니어도 그 악당성은 그를 능가한다. 헌데 증오스러운 그 악당 캐릭터가 매혹적으로Attractively 느껴지는 순간이 발생한다면, 그래 적잖이 당혹스럽게 한다면 어떨까? 물론 그 매혹은 캐릭터 덕은 아니다. 감독의 의도는 더더욱 아니다. 감독은 영화 내적으로 조태오의 성장 배경 따위에는 관심이 없다. 스쳐 지나가듯 대사를 통해, 조 회장의 둘째 부인에게서 낳은 서자라는 정도의 정보만 제공될 따름이다. 그렇다면 조태오의 매혹은 전적으로 스타 배우 유아인에게서 기인하는 것이다. 희대의 악마적 캐릭터마저도 매혹적으로 느껴지게 만드는 힘…. 그것이 목하 유아인의 힘이다. 〈베테랑〉보다 40여일 뒤 선보인 〈사도〉(이준익)까지 고려하면 유아인의 연기 폭과 깊이에 감탄하지 않을 길이 없다. 장윤주는 또 어떤가.

장윤주는 〈베테랑〉 이전만 해도 연기자라 일컫기 곤란했다. 슈퍼모델 출신으로 예체능 프로그램에 간혹 출연한 게 전부였다. 후일담적으로 판단해도 장윤주 캐스팅은 모험임에 틀림없었다. 베테랑 광역수사대의 유일한 여성 멤버 역을 감당키엔 연기 경력이 일천했다. 감독의 판단은 적중했다. 의외의 캐스팅일 수도 있었거늘, 장윤주 특유의 배짱이 별명에서부터 시사되는 '미스 봉' 캐릭터에 완벽히 부응했다. 장윤주는 1 대 4라는 수적 열세에도 전혀 꿀리지 않으며, 팀의 성적 밸런스를 유지시키는 데도 성공한다. 그 대가로 천만 여배우라는 영광을 획득하면서! 그 얼마나 절묘한 캐스팅인가.

2시간 여간 지속되는 플롯의 몰입도 역시 최강이다. 때론 과장도 마다하지 않는 유머로 코믹하게, 때론 감상성 나아가 신파성도 실용적으로 전환시키는 극적 감동으로, 때론 유머와 감동을 효과적으로 결합시키는 감독 특유의 페이소스로, 액션 장르라는 본분을 잊지 않고 화끈한 액션을 적절히 배치시키면서, 관객에게 극적 긴장과 이완을 경제적으로 안기면서, 속도감을 잃지 않으면서도 최상의 완급을 자랑하는 극적 호흡을 타고 드라마가 펼쳐진다. 이른바 '불가성청의 원리'를 위배하지 않는 영화 음악 등 효과적 사운드 연출도 '베테랑적'이다.

〈베테랑〉은 류승완 감독의 9번째 장편 연출작이다. 장편 데뷔작 〈죽거나 혹은 나쁘거나〉(2000)와 한국 영화사의 기념비적 여성 투 톱 영화인 두 번째 연출작 〈피도 눈물도 없이〉(2002)를 거쳐 〈베테랑〉에 이르기까지, 류승완의 그 어느 연출 시도도 각별한 눈길을 요하지 않은 경우는 없었다. 8번째 연출작 〈베를린〉 이전까지는 단 한 편도 300만 명 선을 넘어 본 적이 없었다 해도, 그랬다. 류승완 그는 늘 특유의 장인 의식과 장르 쾌감, 영화적 재미 등을 무기로, 사회적 층위에서건 개인적 층위에서건, 자기만의 유의미한 문제의식을 극화해 왔다. 달리 말하면 유의미한 소재 · 주제를 개성적 연출 스타일로 구현해 왔던 것이다.

그 정점에 다름 아닌 〈베테랑〉이 위치한다. 바야흐로 시대가 요청하는 동세대적 의미를 남다른 오락적 재미로 포장 · 전달하면서, 기대 이상의 대중적 · 비평적 호응을 끌어낸 것이다. 작금의 한국 영화의 가장 두드러진 특징이 시대가, 달리 말해 대중이 필요로 하는 시대의 이야기를 성공적 대중 영화에 필수적인 오락적 재미로 극화해 대중 관객들로부터 폭넓은 지지나 사랑—그 못잖은 비판, 미움 등과 더불어—을 받는 것이라고 했을 때, 〈베테랑〉은 그 전형이라 해도 과언이 아닌 것이다.

전 찬 일 _ chanilj@hanafos.com

영화평론가. 부산국제영화제 연구소장, 한국외국어대 대학원 글로벌문화콘텐츠학과 겸임교수, '작가가 선정한 오늘의 영화' 기획위원. 저서로 『영화의 매혹, 잔혹한 비평』 등이 있음.

곽경택 감독

극비수사

작/ 제이콘컴퍼니, 영화사 신세계
감독/ 곽경택
출연/ 김윤석, 유해진, 송영창, 이정은, 장영남, 장명갑, 정호빈, 진선미
각본/ 곽경택, 한대덕
원안/ 공길용
촬영/ 기세훈
조명/ 정영민
음악/ 저지 레인홀드
무술/ 양길영, 서승억
편집/ 김창주

〈극비수사〉는 범인을 잡는 데서 오는 쾌감을 그린 수사물이라기보다 그 이후의 정서적 파장을 그려낸 휴먼 드라마라 보는 것이 옳을 것이다. 그런데 중요한 것은 후자에 방점이 찍힌 당대의 한국 영화들이 지나치게 많아서 문제임에도 불구하고, 〈극비수사〉는 전혀 그런 가식적이고 인위적인 향기를 풍기지 않는다는 데 있다. 다른 형사들이 사건 해결로 얻을 자신들의 이해 관계를 따질 때 공길용과 김중산은 철저히 아이가 살아서 돌아오기만을 소망한다. 그것이 재미로서의 컨벤션을 중시하는 장르 영화로서는 꽤 불리한 설정일 수 있는데, 장르의 달인인 곽경택 감독은 그를 우직하게 돌파한다. 아무래도 그것은 김중산이라고 하는 독특한 캐릭터를 능수능란하게 다루는, 더불어 유해진이라는 배우에게 의외의 역할을 맡겨서 조율한 세공술에서 발휘된다.

— 본문 中

한국의 근현대사를 다루는 기묘한 텍스트

— 곽경택 감독 〈극비수사〉

주성철

장인의 솜씨가 솔솔 풍기는 오프닝이 이미 많은 것을 보여주고 있다. 작품의 전반적인 정서를 자연스레 담아내면서 시대상을 압축한 〈극비수사〉의 도입부는 인상적이다. 거리에서 시위가 끊이지 않던 1970년대 후반의 풍경 뒤로, 당시의 시내버스를 비롯해 꼼꼼하게 시대를 재현한 여러 소품들이 미장센을 가득 채우고 있다. 다소 과잉 해석을 하자면, 마치 이후의 납치된 소녀를 암시하는 것처럼 그 시위대 속의 쫓고 쫓기는 어른들의 혼란 속에서 결국 흐트러지고 마는 것은 이제 갓 태어난 병아리들의 종이 박스다. 그리고 곽경택 감독의 장기를 보여주듯 지역색이 물씬 풍기는 '로컬 시네마'로서 항구 수산시장의 거래와 다툼을 보여준다. 그러거나 말거나, 사장은 두둑한 현금을 금고에 가득 보관한다. 곽경택 감독은 도입부만으로 1980년대가 시작되기 직전의 혼란스런 시대상을 일목요연하게 보여준

다. 그런 가운데 유괴가 벌어진다. 유괴란 결국 자본주의 사회에서 발생하는 범죄다. 한국 영화에 있어 유괴극은 많았지만, 하나같이 현재 시점의 영화들이었다. 〈극비수사〉는 그런 점에서 여느 유괴 영화들과 다르다. 유괴를 저지른 사람도, 그를 해결해야 할 수사당국도 어수룩하다. 양쪽 다 준비가 덜 되어 있다. 그래서 〈극비수사〉 또한 장르물의 외피를 두르고 있지만, 의미심장하게도 한국의 근현대사를 다루는 기묘한 텍스트가 된다 할 것이다.

1978년 부산, 초등학교 5학년 여학생이 정체불명의 남자에게 납치당한다. 모두가 살아 돌아올 가망이 없다고 포기하려 하지만, 우연히 사건을 떠맡게 된 형사 공길용(김윤석)은 슬픔이 가득한 소녀의 어머니를 보고서 사건을 해결하기로 마음 먹는다. 국제시장 암달러상 살해범 검거, '곰보' 유괴범 검거 등 굵직굵직한 사건을 해결하면서 실력을 인정받은 그였지만 다른 관할서 사건에 손을 댔다는 이유로 시위를 진압하는 기동대에 전출

됐던 그가 나름 명예회복의 기회를 잡은 것이다. 그러던 중 "유괴된 지 보름째 되는 날 범인으로부터 연락이 올 것"이라고 점쳤던 도사 김중산(유해진)을 만나 함께 사건의 실마리를 쫓는다. 놀랍게도 실제 보름만에 유괴범으로부터 전화가 걸려 왔기 때문이다. 그럼에도 공길용은 도사에 대해 의심의 눈초리를 놓지 않지만, 신기하게도 이후에도 그의 예언이 하나둘 맞아 들어가면서 뜻하지 않게 공조하며 아이를 찾기 시작한다. 하지만 범인의 정체가 쉬이 드러나지 않으면서 소녀 아버지(송영창)의 요구로 인해 수사는 서울 지역 경찰서들로 확대된다. 공길용과 김중산은 서울에서도 합숙하다시피하며 범인을 쫓는다. 다른 형사들이 유괴된 아이의 생존 여부에 별 관심 없이 당장의 실적에만 집착하는 반면, 그 둘은 진정으로 머리를 맞대고 사건 해결에 임한다.

당시 실제 시대적 상황을 보자면, 생활고 때문에 유난히 유괴 사건이 많

았다고 한다. 하지만 '과학수사' 라는 개념이 부재했던 그때, 그에 대응할 만한 수사 당국의 매뉴얼은 턱없이 미흡했다. 영화 속에서 아이를 유괴당한 가족이 경찰 수사와는 별개로 이틀 만에 점집에 가서 절박한 심정으로 '아이가 살아 돌아올 수 있을까요?' 묻는 설정도 시대를 감안하자면 그리 황당한 것도 아니다. 경찰을 믿지 못해서가 아니라 당시에는 그것이 딱히 이상한 일이 아니었던 것이다. 그러한 설정은 제작 연도로 보자면 거의 10여 년 전에 만들어진, 하지만 시대적 상황으로 보자면 〈극비수사〉로부터 10년 정도 뒤의 시대를 배경으로 삼은 봉준호 감독의 〈살인의 추억〉(2003)에서도 발견할 수 있다. 형사 박두만(송강호)은 연쇄 살인 사건의 실마리를 찾지 못한 나머지 무당을 찾아간다. 그러고는 무당이 내놓은 종이를 들고 현장에 간다. 〈극비수사〉와 비교하자면 다소 희화화되어 그려지긴 했으나, 공길용과 박두만 모두 어떤 특정 종교라기보다는 당시 일상과 그리 멀지 않

았던 민간 신앙에 기대고 있다는 점에서 크게 다르지 않다. 〈극비수사〉는 바로 그 지극히 한국적 혹은 초현실적이라고 할 만한 설정을 이야기의 중심으로 끌고 들어온다.

그처럼 중요한 것은 〈극비수사〉에서 경찰 수사와 민간 신앙의 결합이 가져오는 장르적 재미다. 무엇보다 '형사'와 '도사'가 사건 해결에 나섰다는 것 자체가 독특하다. 사건의 경과가 도사의 예언대로 흘러갔다는 것도 재미를 안겨주고, 물고기를 잡아 돈 버는 수산 재벌이 당한 유괴이기에 바다에 물고기를 방생해야 한다는 설정도, 아이의 목숨이 걸려 있는 유괴 영화를 보면서 웃어야 할지 울어야 할지 기묘한 기분이 들게 한다. 그런데 그것이 실화를 바탕으로 했다는 점에서 더 흥미롭다. 실제 1978년에 벌어진 1차 유괴 사건에서 아이는 유괴 33일만에 부모 품으로 돌아왔다. 이듬해 아이는 또 유괴당했고, 아이의 부모는 범인으로부터 아이 몸값으로 1억5천만 원을 요구받아 대통령이 담화문을 발표할 정도로 화제가 됐다. 두 사건 모두 경찰이 범인을 검거해 일단락됐는데, 영화가 다루는 1차 유괴 사건의 경우 극비수사로 진행되었기에 공개적으로 알려지지는 않았지만 공길용 형사와 김중산 도사가 큰 공을 세웠다. 여기서 알 수 있듯 곽경택 감독은 공길용과 김중산이라는 실존 인물의 이름을 캐릭터에 그대로 가져왔다. 거기에는 연출자로서 두 가지 바람이 있었던 것으로 보인다. 사건의 뒤에서 실질적인 해결사였지만 주목받지 못한 그들에 대해 존경을 표하는 것이고, 실재와 픽션을 적절히 결합하여 단순한 장르적 재미 그 이상의 메시지를 던지고자 함이다.

그런 점에서 〈극비수사〉는 세계 영화 역사의 수많은 유괴 영화들을 들춰봐도, 유괴범으로부터의 연락이 가장 늦게 오는 영화라 할 수 있다. 도사의 예언대로 정말 보름 동안 연락이 없다. 그 속을 채우고 있는 것은 캐릭터 그 자체의 인간적 면모다. 개봉 당시 한국 영화 최고 흥행 기록을 세웠던 〈친구〉(2001)의 감독이라는 꼬리표가 지금도 붙어 있는 곽경택 감독으로서는 그보다 앞서 만든 〈억수탕〉(1997)을 떠올리게 할 만큼 온기를 풍기는 영화다. 실제로 그는 한 인터뷰에서 "곽경택이 '조폭 영화 찍는 감독이 아니구나, 원래 이런 성향도 있구나' 하고 인정받았으면 좋겠다"고 말하기도 했다. 사건에 관심 없는 공길용에게 아내는 "우리 아이들이 유괴당했어도 그렇게 할 거야?"라고 부추기고, 김중산을 믿지 못하던 공길용이 마음이 흔들리게 만든 것도 맨 처음 그의 집에 찾아갔을 때 마당에서 소꿉놀이를 하는 세 아이의 모습이었다. '도사'라는 초현실적 존재가 세 아이와 아내를 책임진 가장으로서의 아빠라는 것을 실감했기 때문이다. 후반부에 등장하는 범인 또한 마찬가지다. 영화는 제멋대로이며 도저히 정체를 파악할 수 없는, 관객으로 하여금 충분히 '괴상한 유괴범'이라는 설정을 납득하게 만들었지만 의외로 서툴고 인간적인 면모를 지닌 범인을

등장시킨다. 실제 범인 역시 악질은 아니었고, 유괴가 '생계형 범죄' 이기도 했던 시대로부터 착안한 것이다.

〈극비수사〉는 범인을 잡는 데서 오는 쾌감을 그린 수사물이라기보다 그 이후의 정서적 파장을 그려낸 휴먼 드라마라 보는 것이 옳을 것이다. 그런데 중요한 것은 후자에 방점이 찍힌 당대의 한국 영화들이 지나치게 많아서 문제임에도 불구하고, 〈극비수사〉는 전혀 그런 가식적이고 인위적인 향기를 풍기지 않는다는 데 있다. 다른 형사들이 사건 해결로 얻을 자신들의 이해 관계를 따질 때 공길용과 김중산은 철저히 아이가 살아서 돌아오기만을 소망한다. 그것이 재미로서의 컨벤션을 중시하는 장르 영화로서는 꽤 불리한 설정일 수 있는데, 장르의 달인인 곽경택 감독은 이를 우직하게 돌파한다. 아무래도 그것은 김중산이라고 하는 독특한 캐릭터를 능수능란하게 다루는, 더불어 유해진이라는 배우에게 의외의 역할을 맡겨서 조율한 세공술에서 발휘된다. 맨 처음 공길용은 김중산 같은 도사가 '주둥이로 돈 버는 사람들' 이라는 이유로 경계한다. 도사의 얘기는 다 '구라' 라며 전혀 믿지 않는 것이다. 하지만 그의 예언이 맞아 들어가면서 조금씩 신뢰를 보내게 되고, 급기야 김중산이 형사처럼 활약하는 것까지 보게 된다. 바로 범인을 맞닥뜨린 순간, 자백을 망설이는 범인에게 마치 점쟁이처럼 그의 홀어머니 얘기를 꺼내며 입을 열게 만든 것이다. 그렇게 김중산은 신통력을 발휘하는 도사를 넘어 현장에서 협상가의 역할까지 수행하는 경찰 그 이상의 존재가 된다. 그처럼 〈극비수사〉는 장르의 경계를 자유자재로 넘나드는 곽경택 감독의 장인으로서의 면모를 재확인하게 만드는 작품이다. 현실과 허구, 사건과 정서, 규격과 일탈 사이에서 이처럼 즐거운 줄타기를 하는 한국 감독은 흔치 않다.

주 성 철 _ kinoeyes@cine21.com

2000년 월간 영화잡지 《키노》에서 영화기자 일을 시작하여 주간 영화잡지 《필름2.0》에서 일하다 2007년 《씨네21》 입사. 저서로는 『홍콩에 두 번째 가게 된다면』 『우리시대 영화장인』 『영화를 좋아하는 사람이라면 꼭 알아야 할 70가지』 『데뷔의 순간』 등이 있음. 현재 《씨네21》 편집장.

우민호 감독

내부자들

제작/ (유)내부자들 문화전문회사
감독/ 우민호
출연/ 이병헌, 조승우, 백윤식,
이경영, 김홍파, 배성우,
조재윤, 김대명
각본/ 우민호
원안/ 윤태호
촬영/ 고낙선
조명/ 이승빈
음악/ 조영욱
무술/ 박정률
편집/ 김상범, 김재범

이 영화는 내용의 개연성과 강렬함으로 한동안 대한민국을 강타했다. 이 영화는 썩은 대한민국의 부패 구조를 은유하고 있다. 없는 얘기가 아니라 가능한, 있을 수 있는, 또는 실재하는 이야기이기도 하다.

〈내부자들〉은 윤태호 작가의 미완성 동명 웹툰을 원작으로 했다고 한다. 결국은 대한민국을 움직이는 실세들에게 배신당한 정치깡패와 정의로운 검사가 손을 잡고 유력한 대통령 후보인 장필우 의원의 비자금을 폭로하게 된다.

— 본문 中

복수극으로 드러낸 한국의 부패 구조

— 우민호 감독 〈내부자들〉

공광규

우민호 감독의 영화 〈내부자들〉(2015. 11)은 인물들 간의 대립과 갈등, 공생과 배신, 속임수와 복수가 얽히고설켜 상영 시간 내내 나를 긴장시켰다. 재벌 그룹의 회장과 유력한 대통령 후보, 이를 설계하는 언론의 유착관계가 대한민국이 현실과 무척 닮아서 놀랐다. 배우들의 연기 역시 주연에서 조연까지 모두 흠이 없었다.

스토리는 정치인, 자본가, 언론의 끈끈한 유착과 이들에게 이용당하다가 버려지는 깡패와 비자금 조사에 뛰어든 정의감 넘치는 열혈 검사가 뒤섞여 벌이는 한판 복수극이다. 이런 깡패와 검사가 지금 대한민국에서는 현실적으로 존재한다고 보지는 않지만, 19금 관람 등급 답게 욕설과 잔인함과 성 접대 등 적나라한 장면이 현실감을 갖게 했다.

이 영화는 깡패인 안상구(이병헌 분)와 기자의 인터뷰로 시작한다. 안상구가 기자를 앞에 두고 잭 니콜슨이 출연한 영화 〈차이나타운〉 얘기를 하

다가 "정의심? 복수? 그딴 것은 난 상관없소. 하지만 빌어먹을 내 손이 없어졌단 말이오."라는 부분에서 인간의 실존성이 확 살아났다. 아마 이럴 경우 거의가 정의감, 의리 때문에 복수를 한다는 관념적 대답을 할 것이다. 이 뻔한 관념은 영화를 재미로만 보게 할 것이다. 이 대답 하나로 이 영화를 보는 내내 의미를 생각하게 된다.

안상구가, 미래자동차 비자금이 유력한 대통령 후보인 장필우 의원(이경영 분)에게 흘러간 것을 폭로하기로 선택한 것은 정의나 의리가 아닌 몸의 일부인 손을 훼손당한 실존적 상황 때문이다. 안상구는 조국일보 이강희(백윤식 분) 논설 주간에 의해 정치 깡패로 입문한다. 그리고 이강희의 계획과 요구로 선거와 노조 파업 구사대로 동원된다. 선거가 끝나고서는 국회의원을 대신해 감옥에 간다. 이강희의 요구였다.

이런 식으로 안상구는 이강희와 오랜 공생을 하다가, 자기가 좀 큰 줄로 알고, 더 성공해 보려고 미래자동차 비자금 리스트를 가지고 이강희와 거래를 하려다가 미래자동차 조 상무에게 잡혀 손목이 잘린다. 재벌, 정치, 언론이 같이 노는 클럽에 깡패는 끼워 줄 수 없다는 메시지다. 깡패는 개나 돼지 같은 보조자이고 지원자일 뿐이라는 것을 암시한다.

결국 나중에는 안상구가 이강희의 손목을 자르면서, 이강희와 관계는 공생과 배신, 그리고 파탄으로 끝난다.

안상구는 "정의? 우리나라에 그런 달달한 게 남아 있기나 한가?" 라고 말한다. 대한민국의 정의를 믿지 않는다. 그동안 대한민국 사회에서 살면서 겪은 경험의 결과일 것이다. 그러다가 언론과 정치와 재벌의 동맹 관계를 의심하고 추적하는 우장훈(조승우 분) 검사를 만나게 되고, 자신의 복수를 위해 협력한다. 스스로 "그래도 내는요, 니처럼 드럽지는 않아요." 라고 하는 우 검사는 지방대와 경찰 출신이다. 그야말로 족보가 없이 검찰에 입성하여 검찰 내부에서도 차별을 당하고 있다. 승진 누락이라는 구체적 현실로. 이렇게 사회 곳곳에 신분의 차별이 있다.

정 · 경 · 언 유착 관계에서 언론의 역할이 많은 비중을 차지하고 있다. 그래서 영화에서 가장 주목되는 인물은 조국일보 논설 주간 이강희이다. 그는 고등학교 동창이자 검사 출신인 장필우를 정계에 입문시키고 유력한 대통령 후보가 되도록 키운 인물이다. 뿐만 아니라 미래자동차 오현수(김홍파 분) 회장을 장 의원의 후원자가 되도록 연결시켜 준 인물이다.

당연히 미래자동차는 이강희가 소속된 신문사의 최대 광고주이기도 하다. 신문사 편집회의에서 기사를 논의하며 이강희는 후배 기자에게 이렇게 말한다. "우리 신문이 미래자동차 없이 굴러갈 것 같애? 누가 니 월급 주는데?" 기자는 아무 말을 못하고 수긍한다. 그리고 재벌과 정치의 심기를 건드리지 않는 것이 "우리 신문의 방침"이라고 한다. 미래자동차가 없으면 신문사도 없고, 기자도 없다. 신문사 운영의 재원이 재벌사의 광고에서 나오기 때문이다.

따라서 언론은 재벌의 눈에 거슬리지 않는 기사를 쓸 수밖에 없다. 이를테면 수사 과정에서 미래자동차에 대출을 해 준 석명관 은행장(권혁풍 분)이 우 검사에게 최조를 받던 중, 성 접대 동영상을 보다가 수치감에 투신을 하는데, 논설 주간인 이강희는 이를 검찰의 과잉 수사라는 내용으로 논설을 쓴다.

이강희의 말투는 언론의 모호한 성격을 그대로 대리한다. 상황에 따라 이쪽저쪽 붙어 다니는 지식인의 전형이다. “끝에 세 단어만 바꾸죠. ‘볼 수 있다’ 에서 ‘매우 보여진다’ 고.” 이강희가 검찰에서 나오면서 하는 말이다. 이런 말장난으로 국민을 혹세무민하는 언론의 대리인 이강희는 화면에서 관객을 쳐다보면서 “어차피 대중들은 개돼지입니다. 적당히 짖어대다가 알아서 조용해질 겁니다.”라는 메시지를 던진다. 영화 속의 인물에게 하는 말이기도 하지만 영화 밖의 관객과 국민에게 던지는 말이다.

아마 이강희의 말 가운데 나를 가장 화나게 한 지점은 “우리나라 민족성이 원래 금방 끓고 금방 식지 않습니까.”라고 하는, 오래된 식상한 대목이었다. 이런, 많이 들어본 민족 비하의 발언과 함께 “화이또 다이죠부요.”라고 외치는 대목에서는 피가 끓었다. 친일 지식인의 면모가 그대로 드러난다. 이것은 현재 우리나라 지배적인 언론 자본의 근원이 친일에 있다는 것을 암시하기도 한다.

언론은 스스로 자신이 ‘구리다’ 는 것을 안다. 이강희가 “서로 구린 놈끼리 같이 가야지 냄새를 풍겨도 괜찮겠지 않겠나.” 처럼. 그리고 모든 구린 것이 밝혀지면서 “좆됐네.”하고 허탈해 하기도 한다. 그럴 때 스스로 나서서 ‘클럽’ 을 가동한다. 언론과 정치와 자본이 거래하는 클럽이다.

나중에 안상구는 도끼로 이강희의 손목을 자르며 이런 말을 남긴다. “이제 남은 왼손은 똥 닦는 데나 쓰라, 글 쓰지 말고." 이강희는 손목을 잘린 뒤에도 친자본과 정치 권력을 위한 글쓰기를 포기하지 않겠다고 한다. "오른손이요? 까짓것 왼손으로 쓰면 되지요? 으허허." 처럼, 언론은 배경이 든든하니 교도소에 수감되고서도 변함없는 자신감을 보인다.

재벌이 국민을 보는 관점도 가관이다. 노동자를 종으로, 국민을 일꾼으로 생각한다. 미래자동차 오 회장은 "이 새끼들 이거, 이래서 인간들은 덜도 말고 딱 굶어 디지지 않을 정도로 살게 해 줘야 딴생각을 안 하는 건대." 하며 노동자와 국민을 멸시한다. 그리고 "여기 내 돈 안 먹은 놈이 어딨노?" 하며 정치와 정부 관계에도 자신감을 피력한다. 거기다 조 상무(조우진 분)가 안상구를 납치하여 손을 자르기 전에 "쓰레기를 치우라카믄 쓰레기만 치우지, 와 쓰레기를 훔칠라카노?" 라고 말하는 데서 자본의 절대적이고 지배적인 태도가 읽힌다. 자본의 절대 권력에 도전하지 말라는 것이다.

이런 재벌은 정치를 조종한다. 오 회장은 장 의원에게 "장 의원 클럽이 억수로 실하네."라고 한다. 정치는 은행에 압력을 넣고 그 대가로 정치 비자금을 받는다. 이런 과정에서 은행장 역시 성 접대를 받는다. 장 의원은 "걱정 마십시오 회장님, 이 장필우가 목숨 걸고 막고 있습니다." "이번 회기가 끝나면 넝마가 될 겁니다."라고 한다. 장 의원이 목숨 걸고 막는 것은 노동법 개정이다.

정치는 때로 자신을 키운 언론을 배신하기도 한다. 장 의원은 유력한 대통령 후보가 되자, 고교 동창인 이강희에게 "넌 어차피 내 똥구멍 닦으면서 살아갈 인생이야. 우리 역할은 정해져 있어. 그러니 계속 내 똥구멍이나 닦고 살면 돼."라고 한다.

아무튼 이 영화는 내용의 개연성과 강렬함으로 한동안 대한민국을 강타했다. 이 영화는 썩은 대한민국의 부패 구조를 은유하고 있다. 없는 얘기가 아니라 가능한, 있을 수 있는, 또는 실재하는 이야기이기도 하다.

〈내부자들〉은 윤태호 작가의 미완성 동명 웹툰을 원작으로 했다고 한다. 결국은 대한민국을 움직이는 실세들에게 배신당한 정치 깡패와 정의로운 검사가 손을 잡고 유력한 대통령 후보인 장필우 의원의 비자금을 폭로하게 된다.

이 영화는 스크린 안에서나마 한국의 부패형 권력 구조를 여지없이 폭로하고 단죄한 유쾌한 수작이다. 영화가 은유한 한국의 현실을 직시하자.

공 광 규 _ kkkong60@daum.net

시인. 1986년 《동서문학》으로 등단. 시집으로 『소주병』 『말똥 한 덩이』 『담장을 허물다』 등이 있음. 윤동주상문학대상, 현대불교문학상 등 수상.

오승욱 감독

무뢰한

제작/ 사나이 픽처스
감독/ 오승욱
출연/ 전도연, 김남길, 박성웅, 곽도원, 김민재, 강태영, 박지환, 최영도
각본/ 오승욱
촬영/ 강국현
조명/ 배일혁
음향/ 김기정
음악/ 조영욱
무술/ 허명행. 최봉록
편집/ 김재범, 김상범

이 영화가 은밀하다는 느낌을 준다면, 그것은 기본적으로는 훔쳐보는 시선 때문일 것이다. 이러한 시선은 기본적으로는 영화의 속성이기는 하지만, 이 작품에서는 무뢰한의 마음을 녹이는 특유의 마력을 선보인다는 점에서 이 영화의 매력으로 일단 간주할 수도 있겠다. 더구나 무뢰한의 마음을 녹이는 시선으로 인해 〈무뢰한〉은 다른 차원의 영화로 접어들 수 있었고, 이 영화는 흔한 갱스터무비에서 한층 변전한 형태의 텍스트, 이전에는 보기 어려웠던 새로운 요소가 추가된 '조폭 텍스트' 가 될 수 있었다. 이 추가된 요소가 바로 '내면' 이다.

— 본문 中

내면으로 향하는 내리막길

— 오승욱 감독 〈무뢰한〉

김남석

1. 여자와 여자를 뒤쫓는 시선

영화 〈무뢰한〉을 갱스터 무비로 이해하려 한다면, 사실 이 영화의 매력을 절반쯤 잃어버리고 말 것이다. 이 영화는 '무뢰한-범인'을 뒤쫓는 형사의 이야기로 짜여 있지만, 실제로 형사가 악한을 추적하는 재미만을 노린 영화라고는 할 수 없기 때문이다. 오히려 이 추적 과정에서 만나게 되는 한 여자와, 그 여자를 향하는 마음을 추적하고 있다고 보는 편이 무리 없는 해석일 것이다.

이러한 방식으로 〈무뢰한〉을 보는 것에 동의한다면, '여자-김혜경'(전도연 분)을 포착하거나 따르는 카메라의 위치는 무척 중요해진다. 여자는 허름한 아파트에서 처음 포착되며, 그녀를 포착하는 시선의 주체는 '범인-박준길'(박성웅 분)을 쫓는 형사(들)이다. 그러한 시선 속에서 여자는 의외로 당당하다. 처음부터 당당해서, 뒤쫓는 시선을 알고 있는 듯하기까지 하다. 그 시선 속에 '형사-정재곤' (김남길 분)도 포함되어 있다.

시선을 처리하는 방식은 그 대상을 보여주는 방식에 달렸다고 해야 한다. 〈무뢰한〉의 카메라에 포착된 김혜경은 유유히 '워킹' 을 즐기면서, 자신의 것을 보란 듯이 내주는 대범한 성격의 여인이었다. 그리고 이러한 대범함을 상대하기 위해서 정재곤은 '무뢰한-이영준' 으로 변장하여 그녀가 일하는 곳으로 잠입하지 않을 수 없었다.

잠입한 시선에 따라, 그녀는 처음에는 보여주지 않던 모습들을 영화 곳곳에서 노출하기 시작한다. 애인을 위해 음식을 장만하거나 애인을 기다리다 못해 투정을 하는 모습, 혹은 찾아온 애인에게 가볍게 질투하는 정황 등이 그러하다. 이렇게 감추어졌던 그녀의 마음은 이영준이 훔쳐보고 엿듣는 형태로 드러나기 때문에, 그 파장이 관객에게 직접 전달되는 듯한 인상을 남긴다.

이 영화가 은밀하다는 느낌을 준다면, 그것은 기본적으로는 훔쳐보는 시선 때문일 것이다. 이러한 시선은 기본적으로는 영화의 속성이기는 하지만, 이 작품에서는 무뢰한의 마음을 녹이는 특유의 마력을 선보인다는 점에서 이 영화의 매력으로 일단 간주할 수도 있겠다. 더구나 무뢰한의 마음을 녹이는 시선으로 인해 〈무뢰한〉은 다른 차원의 영화로 접어들 수 있었고, 이 영화는 흔한 갱스터 무비에서 한층 변전한 형태의 텍스트, 이전에는 보기 어려웠던 새로운 요소가 추가된 '조폭 텍스트' 가 될 수 있었다. 이 추가된 요소가 바로 '내면' 이다.

2. 보여주기의 방식 : 길을 따르는 시선들

문제는 이러한 설정을 보여주는 방식일 것이다. 적의 아내, 상대의 여자, 가까이 해서는 안 되는 위험한 인물을 사랑하는 플롯이 이 세상에서 이 작품 하나라고는 말할 수 없다. 오히려 기본 설정만을 놓고 본다면 상투적이라고 할 수 있는데, 이러한 상투성을 탈피하기 위해서라도 〈무뢰한〉은 더욱 깊숙이 그녀의 내면으로 들어가야 했다. 내면으로 향하는 몇 가지 방식은 기본적으로 이 영화를 차별화시키는 이유이기도 했다.

일단, 남자가 여자를 바라보는 시선을 따라가 보자. 야트막한 언덕이 있고, 그 언덕은 3류 술집 마담으로 전락한 김혜경이 출근하는 길이다. 이 길은 혼란한 그녀의 마음처럼 심란한 길일 것이다. 하지만 그 길에서도 김혜경은 어딘지 모르게 당당하다. 수심이 사라지지 않은 얼굴이지만, 그녀의 걸음걸이는 인생의 마지막을 견디는 힘이 있어 보인다. 아마 이 영화에서

'전도연 식'의 이러한 워킹이 없었다면, '김혜경'이라는 인물이 내면을 축적한 인물처럼 보이기 어려웠을지도 모른다

밤의 이 길은 자동차들로 가득해진다. 카메라는 비스듬히 사선을 그리며 주차한 차들의 행렬 속에서 한 차량을 집요하게 뒤쫓는다. 이영준의 차는 이러한 차량의 행렬 속에 섞여 들어 한 아파트로 향하고, 그 아파트로 남성들과 힘겨운 하루를 보낸 여인이 숨어들 듯 기어든다. 애인을 위해 돈과 집 그리고 자신의 몸을 바치는 여자. 그러한 여자의 내면으로 기어드는 남자. 카메라의 시선은 몇 차례에 걸쳐 이 물리적 길을 오르고, 숨고, 숨어들고, 잠복하면서, 여자로 향하는 시선의 길까지 영화 내로 끌어들인다.

형사와 여자의 관계는 어두운 골목을 따라서도 이어진다. 24시간 해장국집에서 멀리 떨어져 마시던 소주나, 룸살롱 앞에서 헤어지면서 나누는 대화 등은 이러한 관계의 외적 표출이다. 여자는 지쳐 가면서 마음의 균열을 드러내고, 그 균열 안으로 스며든 형사의 마음은 결국 범인 박준길을 향하는 그녀의 마음을 거두게 만든다. 여자의 내면에서 감정의 누수가 시작되면서, '형사 정재곤' 아니, '무뢰한 이영준' 에게 향하는 길이 만들어진 것이다. 이 길을 바라볼 수 있는 이들에게, 남자는 진짜 무뢰한이 될 수밖에 없다. 남의 마음을 헤아리지 않고 자신의 이익에 따라 본래의 소속을 잊고 눈앞의 이익만을 탐하는 남자가 되어 버렸기 때문이다.

영화는 이러한 내면의 풍경을 카메라의 시선으로 뒤쫓았지만, 주체와 대상 사이에 놓인 것은 의외로 길이었고, 그 길은 마음의 통로였다. 형사 정재곤으로 돌아온 남자는 밤새 그녀의 집과 방을 뒤쫓는데, 점차 그 시선은 추적이라기보다는 접근에 가까워졌고, 그로 인해 남자의 내면도 어느 정도는 열리게 된다.

이 영화에서 안타까운 지점 중 하나가 남자의 내면으로 들어가는 통로가 생각보다는 제한되었다는 점이다. 개봉된 영화 내에는 정재곤과 아내가 나누는 대화의 파편이 남아 있었는데, 원래 대화는 남자의 내면으로 들어갈 수 있는 또 다른 다른 길이 아니었을까 싶다. 카메라는 전지적 시점으로 이 길을 보여줄 수도 있었는데, 어쩐 일인지 이 길은 차단되었고, 그로 인해 무뢰한의 내면을 볼 수 있는 방법도 함께 제한되고 말았다. 만일 이 길이 있었다면 두 갈래 길에서 방황해야 했던 한 무뢰한의 마음 역시 더 깊숙하게 탐색할 수 있었을 것이다.

3. 남자와 여자의 마음이 겹치는 자리

다행스러운 것은 남자의 마음을 효과적으로 측정할 수 있는 마지막 장면만은 남아 있다는 점이다. 그것은 이 영화의 중대 관심사 중 하나인 마지막 장면이기도 하다. 이 장면은 하나의 질문으로부터 만들어졌다고 할 수 있다. 정재곤이 범인을 잡은 이후, 여인-김혜경을 어떠한 방식으로 대할까 혹은 대해야 했을까 라는.

여인은 창굴 같은 음습한 집으로 끌려가 죽기 직전의 누군가를 돌보아야 하는 형벌을 받는다. 그 형벌은 여인이 그녀가 지키기로 했던 누군가를 오히려 죽게 만들었고 끝까지 품어야 했던 신뢰를 저버린 벌처럼 여겨진다. 극단적으로 말하면 내면으로 가는 길을 함부로 열고 웅크리고 있어야 할 감정의 밑바닥을 드러낸 자기 형극 같은 것일 지도 모른다.

이 여자에게 무뢰한이 다시 접근했다. 무뢰한의 사전적 의미는 '성품이 막되어 예의와 염치를 모르며, 일정한 소속이나 직업이 없이 불량한 짓을 하며 돌아다니는 사람' 이다. 형편없는 삶으로 내려앉은 여자에게 남자는 예의와 염치를 차리지 않고 자신만의 방식으로 접근함으로써 다시 한 번 무뢰한이 되었고, 그것을 자신에 대한 정당하지 못한 침입으로 단정한 여자는 이에 대해 응징을 시도했다. 칼로 남자를 찌르는 여자의 마음은 복잡다단해서 단순한 침입에 대한 응답만으로는 온전히 설명되지 않겠지만, 실제로는 그녀와 정재곤이 만나는 전 과정이 이러한 무례한 침입에 해당한다고 할 수 있기 때문에 그녀의 칼부림은 결과적으로 일면 정당해 보이기까지 한다.

더욱 주목되는 것은 그 이후 남자의 태도이다. 여자는 남자를 찔렀고, 남자는 당장 쓰러지지 않을 정도만 살아남은 채 그곳을 떠났다. 그리고 여자에게 향했던 자신의 길을 돌아 나와, 자신이 왔던 길처럼 보이는 길을 천천히 걸어 내려갔다. 그 길에서 무뢰한은 어렴풋하게 남아 있는, 그래서 흐릿하게만 보였던 이 만남의 의미를 돌아볼 수 있게 되었을지도 모른다.

남자의 내면은 이 만남에서 늘 부분적으로만 드러났고, 항상 파편처럼 흩어져 있어야 했다. 여자에게 향하는 마음이 분명 존재했지만 결과적으로는 배신으로 끝나야 했듯, 하나의 단일한 마음이 아니라 늘 길항하는 여러 개의 마음들이 묶음처럼 널려 있어야 했다. 하지만 걸어 내려가는 이 길만은 남자의 마음을 하나로 들추어낸다. 예의와 염치를 도외시하고 한 여자의 마음을 짓밟았지만 그 여자는 자신의 마음에 숨겨져 있던 마음을 밖으로 끄집어내 주었던 것이다.

한 여인의 내면으로 들어가는 길과 그 길에서 치명상을 입고 돌아 나온 길에서 이 무뢰한이 자신이 마주했던 세계—이 세계는 영화 속에서 '범인' 과 '범인의 여자' 라는 단순화된 기호로부터 출발하고자 했다—의 아주 작은 오의奧義를 알아챘다면 과장일까. 피가 흐르는 가슴의 상처는 분명 치명적인 것이었지만, 그 상처 자체는 내면의 풍경을 투영하도록 자신을 풀어헤치는 열쇠가 될 수 있었다. 적어도 이 상처는 자신의 내면과 상대의 내면이 어느 한 순간일지라도 겹쳐지는 순간이 이 세상에 존재했음을 증거하고 있고, 세상의 옳고 그름을 가리는 복잡한 논리 이면에도 이러한 마음들이 소중한 자리를 틀고 살아가고 있음을 보여주니 말이다. 마음으로 가는 길이 남아 있고, 그 길 위에서 잠시 쉬어 가는 것도 나쁘지 않다는 막연한 믿음 같은. 비록 그 길이 내리막길일지라도 말이다.

김 남 석 _ darkjedi@dreamwiz.com

1973년 서울 출생, 고려대학교와 동대학원 졸업. 1999년 《중앙일보》 신춘문예 문학평론, 2007년 《동아일보》 신춘문예 영화평론 당선. 저서로 『조선의여배우들』 『조선의 연극인들』 『조선의 대중극단들』 등이 있음. 현재 부경대학교 국어국문학과 교수

이준익 감독

사도

제작/ 타이거픽처스
감독/ 이준익
출연/ 송강호, 유아인, 문근영, 전혜진, 김해숙, 박원상, 진지희, 박소담
각본/ 조철현, 이송원, 오승현
촬영/ 김태경
조명/ 홍승철
음악/ 방준석
무술/ 김신웅
편집/ 김상범, 김재범

여기에서 유아인의 최고의 연기가 화룡점정으로 화면을 압도한다. 다 타 버리고 심지만 남은 불꽃처럼 서서히, 그러나 치열하게 미쳐 가는 한 사내의 초상화. 그리고 그 죽음 앞에서 아들의 보위만큼은 지켜 주고자 하는 떨칠 수 없는 아비의 정 등등. 유아인이 아니었다면 대체 〈사도〉라는 영화 자체가 가능키나 했을까 싶을 만큼 놀라운 열연이 펼쳐진다. 이준익 감독과 송강호의 시너지에 힘입어 연약하고 매혹적이며 어이없고 가녀린 사도세자가 입체적으로 탄생한 것이다.

— 본문 中

심지만 남은 불꽃, 치열하게 미쳐가는 사내의 초상화

— 이준익 감독 〈사도〉

심영섭

1762년, 금요일로 시작했던 이 해에 세자가 죽었다. 산해진미가 넘쳐 나는 구중궁궐에서 굶어 죽었다. 아비는 아들을 뒤주에 가두고 손수 못을 박았다. 학계에선 의견이 분분하지만, 『승정원일기』에 자세히 기록되었던 이 참극은 훗날 세손인 정조의 청으로 영조가 삭제해 버리고 말아 영원한 미궁에 빠진다.

영화 〈사도〉는 일단 사도라는 인물의 일대기를 흥미진진하게 볼 수 있는 흡인력이 미덕으로 보인다. 각본도 연출도 좋지만 연기 그 중에서도 두 배우 유아인과 송강호는 팽팽하게 서로를 조율한다. 영조는 숙명처럼 열등감을 몸에 지닌 채 태어난 인물이다. 궁궐 내의 가장 말단에 위치한 무수리 출신의 여인의 몸에서 출생한 그는 형인 경종을 독살했다는 소문에 시달리며 청년기까지 조심조심 목숨을 부지했던 사람이다. 송강호가 분한

영조가 평생 우월함을 추구하며, 마음속 열등감을 극복하기 위해 몸부림치며 아들을 희생양으로 만드는 아비의 전형이라면, 유아인이 분한 사도는 분노와 슬픔 복종과 반항을 체화하며 서서히 미쳐 가는 아들의 자화상이라 할 만하다.

여기에 이준익 감독의 연출은 배우의 연기를 최대치로 편안하게 화면에 앉히면서, 결정적인 순간의 미장센으로 그 주제를 힘차게 드러낸다. 아무리 세상의 모든 권력을 손아귀에 쥔 왕도 불완전한 인간이며, 제아무리 아들과 아비의 인연이라도, 권력은 어떻게 그 관계를 갈가리 찢어 놓는지. 영조의 사도세자의 억압은 뒤주 자체를 꽁꽁 매어 버린 굵은 밧줄로, 사도세자의 슬픔과 통렬한 분노는 하얀 눈과 돌 위의 붉은 피로 대비되는 장면으로 직설화한다.

감독은 날 서린 자의식으로 최상의 미학을 추구하기보다는 관객들이 배우들과 편하게 소통하도록 한 발 비껴서 흥미로운 스토리를 이해하기 쉽게 배열하고 캐릭터의 마음의 층을 전달하는 특징을 〈사도〉에서도 어김없이 드러낸다. 이준익 감독의 영화를 보다 보면 오랜 시간 기억에 남는 황홀한 시각적 이미지보다는 캐릭터에 몰두하여 감정이 고조되는 순간의 강렬함이 더 남는 편이다. 〈사도〉에서도 마찬가지이다. 영화를 보다 보면 과연 영조가 정말 사도세자에게 권력을 양위하고 싶었던 것일까 의문이 간다. 영조는 기회 있을 때마다 자신은 임금의 자리에 미련이 없다는 말을 내뱉고, 이를 입증하기 위해 궁궐을 옮기지만, 그 진위에 관객은 고개를 갸우뚱거릴 수밖에 없다.

이렇게 영화 〈사도〉는 이준익 감독의 영화적 장점을 요약한 영화라고 할 수 있겠다. 〈왕의 남자〉 등에 이어 이준익 감독이 시각적으로 풍성한 그림을 그려낼 수 있는 사극을 택한 점, 원형적인 부자의 갈등과 비극을 영조와 사도 두 사람을 사이의 무게 추를 잃지 않고 그려낸 점은 모두 이준익 감독이어서 가능한 것이라고 보인다.

영조의 우주에서 사도세자는 항상 하룻강아지여야 하는 법. 영화에서 사도세자가 함경도에 있는 진지를 옮기려 하자, 영조는 사도세자에게 "니가 뭘 알아. 니가 함경도에 가 봤어."란 질책을 퍼붓는다. 이 부분에서 조금만 더 진지한 색깔이었다면 사악한 아비로 취급되어졌을 영조의 외피가 오히려 이준익 감독 특유의 유머 감각과 결합되어져 더 인간적으로 다가온다. 영조가 거듭된 '선위 쇼'에서 마음속 깊이 확인하고 싶어 한 것은 후계자가 나의 꼭두각시가 되어 줄 정도의 충성도가 있는지의 여부였을 것이다. 영조가 양위를 해야 한다는 외적 압력과 왕위를 양위하고 싶지 않다는 욕망, 자신도 용납하기 어려운 내적 압력이 충돌할수록 내면의 분노와 모순은 모두 사도세자에게 투사되고 그럴수록 화면의 색과 그림자는 점점 더 어두워져 간다.

여기에서 유아인의 최고의 연기가 화룡점정으로 화면을 압도한다. 다 타 버리고 심지만 남은 불꽃처럼 서서히, 그러나 치열하게 미쳐 가는 한 사내의 초상화. 그리고 그 죽음 앞에서 아들의 보위만큼은 지켜 주고자 하는 떨칠 수 없는 아비의 정 등등. 유아인이 아니었다면 대체 〈사도〉라는 영화 자체가 가능키나 했을까 싶을 만큼 놀라운 열연이 펼쳐진다. 이준익 감독과 송강호의

시너지에 힘입어 연약하고 매혹적이며 어이없고 가녀린 사도세자가 입체적으로 탄생한 것이다.

만약 영조의 진심을 간파했다면, 사도세자는 자의식을 없애는 경지에 이를 정도로 자신을 낮추고 인내해야 살아남을 수 있었을 것이다. 그러나 사도세자는 그 본성이 솔직하고 화살처럼 자유로운 사람으로 영화에서 그려진다. 이미 어린 시절부터 "나의 마음은 내가 안다."고 천명한다. 화살을 부러워하며 예술가적 재능과 천분마저 지닌 사도세자는 지금의 부자관계에서도 가능한 또 다른 현실적인 측면마저 지닌다.

그리하여 관 속에 누워 있는 혹은 의대증 때문에 옷을 찢는 사도의 기행은 오히려 죽음의 에너지 타나토스의 에너지로 모든 것을 무화시키려는 한 인간의 몸부림으로 새롭게 다가온다. 사도세자는 대왕대비의 상례를 치르는 동안에도 영조에게 숱한 꾸지람을 들었다. "대님을 제대로 매라. 상복을 제대로 걸쳐라." 영조에게 옷은 왕의 체통이었고 왕자의 체면이었다. 그러나 어린 세자는 이미 세 살 때 비단 옷은 사치라며 무명옷을 선택하겠다고 대답한 바 있었다. 영화에서 의대증은 사도세자의 간접적인 아버지에 대한 분노의 표현, 직접적으로는 역할 거부를 상징한다고 볼 수 있겠다.

여기에 설상가상으로 총명한 세손까지 나타난다. 조선 왕실에 대안이 생긴 것이다. 훗날 정조가 될 세손은 사도세자와 달리 꼼꼼하기 그지없고, 공부에 전념했으며, 영조에게 문안 인사를 게을리하지 않았다. 정조는 영조와 비슷한 완벽주의자였고, 사도세자에 대한 영조의 일말의 기대는 세손이 등장하자 서서히 없어져 버린다. 기실 사도세자는 12명의 딸을 낳았던 영조의 유일한 외아들이었다. 그는 불과 한 살 때 세자에 책봉되었다. 그러나 사도세자는 자신이 가진 유리한 입장을 하나도 활용하지 못한 채 친모인 영빈 이 씨가 영조에게 어떤 결단을 촉구할 만큼 외롭게 죽어 갔다.

뒤주 속의 후계자는 그렇게 죽었다. 늙은 왕은 그 후에도 14년을 더 살 것이다. 영조는 시호로 생각할 사思 슬플 도悼, 사도라 이름 짓는다. 죽은 아들, 아니 죽인 아들의 이름을, 슬픔을 생각한다고 짓는다. 그러나 슬픔은 상실에 대한 애련함 뿐 아니라 집착의 또 다른 이름일 뿐.

영화 〈사도〉를 보다 보면 권력이 부자와의 인연을 비틀어 놓아도, 마음 속의 아비와 아들의 인연은 죽일 수 없음을 여실히 입증하고 있다. 그렇기에 후반부 정조의 후일담은 생경하고 톤이 맞지 않지만, 아마도 감독이 부각하고자 하는 부정의 또 다른 측면을 보여주기 위한 필요악 같은 장치로 보인다. 정조의 첫 일성 "나는 사도세자의 아들"이라는 것이 갖는 위중함. 사도세자의 죽음을 넘어서 이어지고 있는 아들에 대한 보호가 결국 승리

를 거두었다는 슬픈 역설 같은 것들. 그토록 입에 담지도 말고 꿈에서도 보지 말라던 영조의 명을, 할아버지의 명을 어기고, 죽은 아비를 자신의 정체성의 일부로 규정짓는 정조를 통해, 권력의 정점에서 추락한 사도라는 한 인간에 대한 부드러운 씻김을 하는 것. 만약 이것이 이준익 감독의 순수한 의도라면, 영화의 사족같이 붙인 마지막 후일담도 충분히 이해는 할 수 있으리라.

심 영 섭 _ chinablue9@hanmail.net

영화평론가, 대구사이버대학교 교수, 한국영상응용연구소(KIFA) 소장. 영화와 심리학을 접목한 영화 치료를 하고 있으며, 저서로는 『시네마테라피』 『영화, 내 영혼의 순례』 『대한민국에서 여성 평론가로 산다는 것』 등이 있음.

안국진 감독

성실한 나라의 앨리스

제작/ KAFA FILMS
감독/ 안국진
출연/ 이정현, 이해영, 서영화, 명계남, 이준혁, 배제기, 이대연, 박은영
각본/ 안국진
촬영/ 이석준
조명/ 이형중
음악/ 장영규
편집/ 김우일

이 영화가 잔잔한 파문을 일으킨 데에는 특별한 몇 가지 이유가 있다. 첫째, 노동하는 여성을 이야기의 중심에 두고 있다. 둘째, 현재 젊은 층이 느끼는 생존에 대한 고민을 담되, 이를 무겁고 진지하게 늘어놓는 것이 아니라 키치적으로 한없이 가볍게 대하다가, 호러 장르적 요소를 통한 판타지적 해결로써 카타르시스를 제공한다. 셋째, 비전과 탈출구 없는 신자유주의 세상을 날카롭게 공격한다.

— 본문 中

'을'의 처지를 자각한 한 여성 노동자의 과거, 현재, 그리고 미래

— 안국진 감독 〈성실한 나라의 앨리스〉

정민아

영화〈성실한 나라의 앨리스〉는 30대 젊은 감독 안국진의 데뷔작이며, 총 제작비 2억 원이라는 저예산, 그리고 주연배우 이정현의 재능 기부 노 개런티 출연이 화젯거리였다. 영화는 '생계 밀착형 코믹 잔혹극' 이라는, 한국적 현실에 기반을 둔 새로운 장르를 내세우는 저예산 독립 영화로 마케팅 포인트를 잡아, 4만 4천여 명의 관객을 모았다. 이 정도면 독립 영화로서는 꽤나 근사한 성공이다. 한국 영화 평균 제작비가 50억 원 내외인 현실에서 평균 제작비의 4%로 영화가 완성되었으며, 스타 마케팅과 규모의 경제학이 흥행 공식이 되어 버린 한국의 영화산업 현실에서 작은 파열음을 내며, 감독과 배우 모두에게 이득을 가져다주었다. 〈꽃잎〉(1996)의 충격적인 데뷔 이후 이렇다 할 대표작을 내놓지 못했던 이정현에게는 청룡영화상 여우주연상 수상과 함께 배우 인생의 터닝 포인트가 될 작품이다.

이 영화가 잔잔한 파문을 일으킨 데에는 특별한 몇 가지 이유가 있다. 첫째, 노동하는 여성을 이야기의 중심에 두고 있다. 둘째, 현재 젊은 층이 느끼는 생존에 대한 고민을 담되, 이를 무겁고 진지하게 늘어놓는 것이 아니라 키치적으로 한없이 가볍게 대하다가, 호러 장르적 요소를 통한 판타지적 해결로써 카타르시스를 제공한다. 셋째, 비전과 탈출구 없는 신자유주의 세상을 날카롭게 공격한다.

여성의 목소리로

IMF 체제 이후, 신자유주의 체제의 본격적 이행 이후 한국 영화에서는 여성 주체가 중심이 된 서사를 찾기가 쉽지 않다. 자본의 양극화 문제가 더욱 심화되어 가는 자본주의의 모순 속에서 영화는 성별 간 위계를 더욱 강화하는 방식으로 만들어지고 있는 현상을 보여준다. 한국 영화산업이 남성 스타를 중심으로 형성되고 있고, 서사는 대개 일그러진 모순된 사회에 저항하는 남성 영웅을 만드는 방식으로 구축된다. 그리고 여성 캐릭터는 남성 영웅 만들기를 위한 보조 역할에 그치고 만다.

현재 주류를 형성하는 한국 영화 장르는 스릴러, 액션, 범죄 영화, 사극이며, 주인공은 주로 강한 남성성을 소유한 캐릭터이다. 이러한 가운데, 2015년에는 〈암살〉(최동훈), 〈차이나타운〉(한준희), 〈협녀, 칼의 기억〉(박흥식)처럼 여성이 주인공인 고예산 영화들이 만들어졌으며, 동시에 여성 노동자를 주인공으로 하는 다큐멘터리 〈위로공단〉(임흥순)이나 〈마돈나〉(신수원), 〈성실한 나라의 앨리스〉 같은 저예산 독립 영화를 만날 수 있었다.

신자유주의가 몰아넣고 있는 광포한 세상에서 위계질서의 가장 밑바닥에 있는 여성 노동자에 대한 발언은 현실을 반영하는 매체인 영화에 있어 매우 중요한 문제이지만 진지하게 다루기에는 다소 무거운 소재다. 2014

년에 여성 영화인들의 결단으로 만들어진, 마트 여성 노동자의 투쟁을 담은 〈카트〉(부지영)가 있었고, 밀양 송전탑 투쟁을 다룬 다큐멘터리 〈밀양 아리랑〉(박배일)이 만들어졌다. 이들 영화에 대한 관객과 평단의 열광적 환호가 있었지만, 이는 각성된 소수의 영화 팬과 비평가의 몫이었다.

〈성실한 나라의 앨리스〉는 위에 열거한 영화들과는 다른 점이 있다. 노동시장의 가장 밑바닥에 위치한 저학력, 가난한 여성 노동자가 주인공인 작은 영화다. 하지만 그녀가 처한 끔찍한 현실을 사실적으로 묘사하기보다는, 코미디의 틀 안에서 키치적이며 판타지적 묘사로 그려냄으로써 거리 두기의 위치에서 낄낄 거리며 관찰하게 하는 묘한 위치의 흥미로운 통속극인 것이다.

혼종 장르에서 발산되는 카타르시스

'5포 세대', '88만원 세대' 라고 지칭되는 현 젊은 층의 생존에 대한 고민이 영화의 주제로, 현 시대의 불안과 공포는 판타지 장르의 틀 안에서 채워진다. 로맨스, 코미디, 호러, 스릴러가 뒤섞여 있다. 영화는 나카시마 테츠야의 〈혐오스런 마츠코의 일생〉(2006), 박찬욱의 〈복수는 나의 것〉(2002)과 〈친절한 금자씨〉(2005)의 영향 하에 장르의 혼종을 이루어 내고 있다. 고난이 리얼리즘 방식이 아닌 판타지 언어로 표현되다 보니, 한 발 멀찍이 떨어져서 관망하며 키득거릴 수 있는 여유를 준다. 끝까지 가면 갈수록 마음 깊은 곳에서는 서늘한 아픔으로 남게 되지만, 영화를 따라가는 과정 내내 카타르시스와 함께 묘한 쾌감이 느껴진다. 아마도 먼 훗날엔, 2015년의 젊은이들의 초상을 보여주는 텍스트로 〈성실한 나라의 앨리스〉를 꼽게 될 것이다.

이야기는 이렇다. 수남(이정현)이라는 한 성실한 여학생이 있다. 그녀는 고등학교에 진학하며 엘리트의 삶을 꿈꾸면서 온갖 자격증 최연소 최다 보유자 타이틀을 꿰찬다. 하지만 컴퓨터가 도입되며 그녀의 노력은 물거품이 된다. 타자, 주산 같은 걸 아무리 잘해 봤자 좋은 회사에 취직하는 건 불가능하다. 결국 조그만 공장에 취직을 하고, 그 공장에서 규정(이해영)을 만나 결혼을 하고 살 집을 마련한다. 그러나 그녀의 삶은 고단하기만 하다. 불구가 된 남편을 대신해 24시간이 모자랄 정도로 투 잡, 쓰리 잡을 하며 열심히 일하지만 남는 건 빚이다. 이런 수남에게 단 한 번의 기회가 찾아온다. 바로 재개발. 수남은 재개발을 반대하는 사람들에게 맞서 주민들의 사인을 받으러 다닌다.

수남은 재개발이라는 기사회생의 일대 기회를 놓고서 각자의 이익에 따라 대척점에 놓이게 되는 마을 사람들과 인생을 건 혈전을 벌인다. 구청 공무원, 심리 상담사, 통장, 퇴역 군인, 가게 점주 등 마을에서 한가락씩 하는 사람들과 만날 때마다 가진 게 없는 성실하기만 한 젊은 여자는 자꾸 늪에 빠지는 듯하다. 수남이 사는 서울 어느 달동네는 자신들의 안위를 위해 타인에 대한 착취를 아무렇지도 않게 허용하는 우리 사회의 압축 공간으로 그려진다.

수남은 생계를 위해 익힌 손재주를 죽지 않기 위해 사용하기로 한다. 하나하나 어른들을 죽여 나가며 자신의 목적을 달성하기 위해 괴물이 되어 버린 것이다. 생계 수단이 곧 살인 수단이 되고 마는 아이러니한 현실이다. 조금 나은 처지에 있다고 자기보다 못한 자를 향해 '낫 놓고 기역자도 모른다' 고 비아냥거리는 족속의 목을 수남은 그 낫으로 확 베어 버리는 것이다. 이는 타인으로부터 스스로를 지킬 어떠한 수단을 가지지 못한 '대지

의 저주받은 사람'이 할 수 있는 최후의 방어 수단이다.

남편과 행복하게 살고 싶어 죽이는 행위는 도덕적으로 용납할 수 없는 일이다. 하지만 벼랑 끝으로 서민을 몰아넣는 사회는 결국 끔찍한 행위를 초래하고 말 것이라는 섬뜩한 경고로 다가온다. 웃고 있자니 슬프기 그지없다. 코미디에서 로맨스로 갔다가 호러로 비틀어진 기이한 장르적 변주 속에서 희극과 비극은 절묘하게 위치 바꾸기를 한다.

동화 『이상한 나라의 앨리스』의 변주로, 영화는 앞으로 가면 갈수록 미궁에 빠지는 현실을 풍자하는 블랙 코미디다. 열심히 일할수록 빚은 늘어가고 성실하게 살수록 더 가난해져서 실성하지 않고는 살아갈 수 없는 미친 세상. 내 탓도 아니니 세상을 향해 무차별 복수를 감행하는 수남은 강인하지만 또한 한없이 가련하다. 그렇기에 결국 복수도 허망하게 끝이 날 것임을 우리 모두가 안다.

탈출구가 없는 세상 끝에서

영화는 윤리와 여성 이슈라는 문제에서 논쟁거리가 될 만하다. 〈브레이킹 더 웨이브〉(라스 폰 트리에, 1996)처럼, 끝없이 남자에게 사랑을 바치는 순진무구한 여성이 잔인한 범죄자가 된다는 이야기는 이전의 많은 영화들에서 되풀이되어 온 소재로 페미니즘적 논쟁을 불러일으키곤 했다. 그렇지만 〈성실한 나라의 앨리스〉는 남녀 성별의 문제보다는 세대 간 전쟁을 통해 이득을 취해 온 불성실한 사회를 겨냥한다는 점에서 더욱 한국적 현실을 비추는 적극적인 사회 반영물이다.

주연배우 이정현은 영화의 매력의 상당한 부분을 책임진다. 순진한 얼굴로 잔혹한 행위를 저지르는 아이러니를 비현실적이면서도 과장되지 않게 연기하여, 비로소 자신의 대표작을 가지게 되었다. 저예산 영화 특유의 클로즈업에 기반을 둔 인물의 심리 묘사가 탁월한데, 도무지 속을 알 수 없는 갸우뚱한 표정과 나른한 말투는 나중에 벌어질 끔찍한 일과 대조를 불러일으키며 영화의 그로테스크함을 강화한다. 내 집을 내어 주고 고시원에서 생활하며, 불행한 남편의 병원비에 허덕이며 마지막 희망인 재개발에 대한 열망에 활활 타올랐지만 아무것도 건지지 못하는 가장 불행한 여인에게 기댈 수 있는 마지막 출구는 어쩌면 '존엄하게 죽는 것' 밖에 없을지도 모르겠다.

영화는 직접 사회의 구조적 폭력에 맞서는 진화된 단계를 보여주지 못하고, 조금 더 나은 처지의 '을' 일 수밖에 없는 사람들과의 다툼으로 국한된다. 하지만 세 개의 챕터로 나뉜 플롯은 주인공이 고백하는 과거, 그리고 현재의 모습과 미래로 향한 열린 결말을 통해 현 사회의 구조적 모순을 적극적으로 내포하고 있다.

가족을 지키며 생존하기 위해 살인을 해야만 하는 그녀의 아이러니처럼 영화는 우스꽝스럽지만 잔혹하며, 순진하지만 광기가 넘치고, 삶에 대한 열망으로 뜨겁지만 냉정하고 혹독한 폭력으로 가득하다. 여러 경계들을 허물고 횡단하며 혼종들이 뛰노는 노동 영화의 신선한 시도가 남다르게 다가오는 위기의 시대다.

정 민 아 _ yedam98@hanmail.net
영화평론가, 한신대학교 겸임교수, 한국영화학회 학술이사, 한민족문화학회 편집위원, 서울시 독립영화공공상영회 배급위원, EBS 영화 프로그램 자문위원. 저서로 『나혜석, 한국 근대사를 거닐다』(공저), 『멜로드라마란 무엇인가』(공저) 등이 있으며, 역서로 『필름 크래프트: 프로덕션 디자인』(근간), 『시각문화의 매트릭스』 등이 있음.

김성제 감독

소수의견

제작/ 하리마오픽처스
감독/ 김성제
출연/ 윤계상, 유해진, 김옥빈, 이경영, 김의성, 장광, 권해효, 김형종
원작/ 손아람
각색/ 김성제, 천성일
촬영/ 김동영
조명/ 김형용
음악/ 조영욱
편집/ 김상범, 김재범

〈소수의견〉은 다음과 같은 자막으로 시작한다.

"이 영화의 사건은 실화가 아니며 인물은 실존하지 않습니다."

자막의 내용대로 이 영화는 2010년 출간된 손아람의 동명 소설을 원작으로 하는 픽션임에 틀림없다. 그럼에도 불구하고 영화를 보는 내내 관객은 2009년 용산 참사를 떠올리게 되고 기시감을 경험하며 자연스럽게 리얼리티에 몰입하게 된다. 허구이지만 관객으로 하여금 이미 알고 있는 사실처럼 받아들이며 영화를 체험하게 만드는 것, 이것이 이 영화의 강점이자 정체성을 잘 보여주는 지점이다.

— 본문 中

균형적 공감의 법정 영화

— 김성제 감독 〈소수의견〉

박유희

1

2010년대 들어서며 한국 영화계에서 주목할 만한 현상 중의 하나는 법정 영화가 화제를 불러일으키고 있다는 점이다. 〈부러진 화살〉(2011), 〈의뢰인〉(2011), 〈두 개의 문〉(2011), 〈변호인〉(2013), 〈소수의견〉(2015), 그리고 최근의 〈검사외전〉(2016)까지 떠오르는 것만 나열해도 꽤 여러 편이다. 여기에 〈내부자들〉(2015)처럼 직접 법정이 등장하지는 않더라도 범죄를 둘러싸고 재판이나 여론을 통해 진실 공방을 벌이는 영화들까지 포함한다면 그 수는 더 많다.

일반적으로 법정 영화를 포함한 추리물의 발달은 자본주의 도시화로 인한 인구의 밀집, 익명성과 사생활의 확대, 그리고 그로 인한 범죄의 증가와 맥을 같이한다고 알려져 있다. 그리고 지문, 사진과 같은 객관적인 증거에 입각한 재판 제도의 발달, 그러한 객관적인 증거를 가능케 하는 근대 과학의 발달이 기반이 된다고 한다. 한편 철학적으로는 근대 이성에 대한 믿음을 바탕으로 하고 있고, 문제를 해결하기 위해 각종 증거를 수집하는 귀납적 태도와 그 증거들을 분석·정리하여 대전제에 비추어 추론하는 연역적 논리를 주요 방법론으로 삼는다. 요컨대 추리물은 근대 자본주의, 과학적 합리주의의 전개 과정에서 형성되고 발달한 장르라고 할 수 있다.[1]

그 중 법정 영화는 재판 과정을 중심으로 구성되기 때문에 일반적인 스릴러에 비해 언어에 대한 의존도가 높은 장르라고 할 수 있다. 그렇다면 2010년대에 들어서며 한국 영화계에서 법정 영화가 부상하는 이유는 무엇일까? 그것은 징후적인 현상일 것이나, 2010년대 법정 영화만을 두고 해석하기보다는 2000년 이후 추리물의 부상, 그리고 한국 영화사 속 법정 영화의 맥락에서 바라보아야 할 문제일 것이다.

2

2000년에 분단 문제를 추리 장르로 풀어낸 영화 〈공동경비구역 JSA〉가 나온 것은 분단 영화의 맥락에서뿐만 아니라 한국 추리 영화의 역사에서도 의미 있는 사건이었다. 이후 〈올드보이〉(2003), 〈공공의 적〉(2002), 〈살인의 추억〉(2003), 〈범죄의 재구성〉(2004), 〈친절한 금자씨〉(2005) 등이 잇따라 흥행하면서 스릴러 영화가 조금씩 늘어나다가, 2007년부터 장르물 제작 편수가 크게 증가하고 문제작—〈세븐데이즈〉, 〈극락도 살인사건〉, 〈궁녀〉, 〈추격자〉 등—도 많아지면서 전성기를 맞이하는 듯했다. 그러나 2009년에는 제작 편수에 비해 눈에 띌 만한 흥행작이 없어졌고 2010년부

1) 이에 대해서는 박유희의 「총론: 한국 추리 서사와 탐정의 존재론」, 대중서사장르연구회의 『대중서사장르의 모든 것: 3.추리물』, 《이론과실천》(2011) 31-32면 참고.

터 추리물 장르는 또 다른 국면을 맞이했다. 즉 한 사건의 해결이나 범죄자의 사연에 국한되는 것이 아니라 국가와 자본의 유착 관계를 거대한 범인으로 지목하는 영화가 대세를 이루었다. 〈부당거래〉(2010)에서부터 〈베테랑〉(2015), 〈내부자들〉(2015) 등과 같은 영화들은 그것을 잘 보여준다.

에르네스트 만델은 자본주의 사회가 발달할수록 추리물을 대하는 대중은 경찰과 법 집행을 점점 더 회의적인 태도로 대하게 된다고 말했다.[2] 2000년대 추리물 장르의 부상은 일단 한국 사회가 범죄와 그것에 대한 추리 과정을 재미로 향유할 수 있게 되었음을 보여주는 것이라 말할 수 있을 것이다. 그리고 그것은 식민지 경험과 분단의 이분법에 고착되어 있었던 이성적 사유와 합리적 추리의 날개가 조금씩 움직이기 시작한 문화적 현대화의 징후라고 볼 수도 있을 것이다. 이러한 추론의 연장선상에서 본

2) 에르네스트 만델의 『즐거운 살인: 범죄소설의 사회사』(이동연 옮김, 도서출판 이후, 2001, 236면)

다면 현재 추리물 장르는 21세기 전 지구적 자본주의로의 재편 속에서 국가 권력에 대해 던지는 질문들을 반영하고 있으며, 법정 영화는 언어에 대한 의존도가 높은 만큼 한층 선형적이고 논리적인 서사 구조로서 그것을 구현하고 있다고 할 수 있을 것이다. 2013년에 제작되었지만 2015년에 개봉한 법정 영화 〈소수의견〉은 바로 이러한 장르적 맥락 속에 놓여 있는 텍스트이다.

3

〈소수의견〉은 다음과 같은 자막으로 시작한다.

"이 영화의 사건은 실화가 아니며 인물은 실존하지 않습니다."

자막의 내용대로 이 영화는 2010년 출간된 손아람의 동명 소설[3]을 원작

3) 손아람의 『소수의견』(들녘, 2010)

으로 하는 픽션임에 틀림없다. 그럼에도 불구하고 영화를 보는 내내 관객은 2009년 용산 참사를 떠올리게 되고 기시감을 경험하며 자연스럽게 리얼리티에 몰입하게 된다. 허구이지만 관객으로 하여금 이미 알고 있는 사실처럼 받아들이며 영화를 체험하게 만드는 것, 이것이 이 영화의 강점이자 정체성을 잘 보여주는 지점이다.

이 영화에서 그 자연스러운 리얼리티를 구축하는 것은 다원적 균형 감각이다. 그것은 이 영화가 이분법적 구도를 여러 가지 측면에서 벗어나면서도 중심을 잃지 않는 데에서 드러난다. 우선 이 영화에서는 '철거민 대對 경찰', 또는 '철거민 대對 깡패'와 같은 대립 구도를 설정하지 않는다. 그것을 잘 보여주는 것이 박재호를 일방적인 피해자로 놓지 않은 점이다. 박재호와 같이 아들을 잃은 또 다른 아버지, 김의택 의경의 부친(장광)을 보여줌으로써 두 인물의 아픔을 동일 선상에서 다룬다. 이러한 태도는 이 영화 전반에 걸쳐 있다. 예컨대 지방대 출신의 줄도 백도 없는 변호사 윤진원(윤계상)을 주인공으로 삼으면서도 그 옆에서 학벌과 인맥으로 결정적인 역할을 하는 장대석(유해진)을 동지로 설정함으로써 '지방 대對 서울', '비주류 대對 주류'와 같은 관습적인 이분법에서 벗어난다.

또한 변호사나 피고인의 입장보다는 언론인으로서의 자기를 내세우며 정보를 공개하는 기자 수경(김옥빈)이나 동료의 죽음을 목격했기에 진실을 알지만 증언할 수 없는 의경 승준(엄태구)은 일정한 국면에서는 주인공에게 적대적으로 작용하지만, 각자의 진실에 충실한 것으로 다루어짐으로써 전체적인 구도에서는 다원성을 구성한다. 그렇기 때문에 그들의 행동은 주인공에게 부정적인 영향만을 미치지 않는다. 수경의 폭로는 결과적으로 재판에 여론의 힘이 실리게 하고, 승준의 침묵은 그 행간에서 의외의 음모를 읽게 만드는 것이다. 그러한 아이러니가 흥미롭게 드러나는 대목은 윤진원이 시위 현장에서 체포되었다는 사실 때문에 품위 손상으로 징계를 받게 되었을 때이다. 징계에서 그를 구해 주는 것은 그의 친구나 동료가 아니다. 그것은 보수적인 원로 판사의 바늘조차 꽂을 데 없는 강고한 원칙으로, 윤진원이 가장 염려했던 부분이었다. 이러한 사건들은 이 영화가 사람을 바라보는 태도를 시사한다. 그것은 오프닝에서 제시되는 철거 현장 플래카드의 글귀—"1% 자본가를 제외한 99% 온 국민 여러분이, 우리 모두가 예비 철거민입니다."—처럼 99%에 해당하는 사람들을 동지의 가능태로 대하는 것이다.

그 결과 다양한 힘들이 충돌하고 길항하면서 빚어내는 아이러니한 결들이 이분법적 긴장과는 다른 소소한 재미와 담박한 감동을 만들어 낸다. 윤진원이 수임료 때문에 변호를 맡았던 조폭 보스에 의해 결정적인 도움을 받는 것, 귀찮은 일에 휘말리기 싫어하지만 상식을 지닌 판사(권해효)가 증거 채택이나 판단에서 시종 난처해하는 것, 장대석이 스스로를 "386따라지, 하빠리 변호사"라고 비하하면서도 끝까지 윤진원을 돕는 것, 그리고 아들을 잃은 두 아버지가 눈물을 흘리며 상대방을 이해하고 잘못을 비는 것 등 국면마다 이어지는 작은 아이러니들이 이 영화를 촘촘하게 직조하고 있는 것이다. 소수 의견이란 의사 결정이 다수결에 의해 이루어지는 합의체에서 다수의 의견에 포함되지 않아 폐기된 의견을 말한다. 이 영화에서 그 제목에 가장 잘 어울리는 부분을 꼽으라면 다양한 사람들과 처지들, 그리고 그 얽힘을 놓치지 않는 구성이라고 할 수 있을 것이다.

4

다양한 입장에 대한 세심한 시선과 그것이 빚어내는 작은 아이러니들로 인해 이 영화는 더욱 많은 관객들과 공감할 수 있는 지평을 확보한다. 그래서 이 영화는 날카로운 추리 영화이기보다는 인물들의 여러 입장을 섬세하게 보여주는 멜로드라마를 닮아 있다. 그런데 그런 면에서 보면 이 영화는 한국 법정 영화의 연장선상에 놓여 있기도 하다. 해방 이후 〈검사와 여선생〉(1948)부터 〈어느 여대생의 고백〉(1958), 〈법창을 울린 옥이〉(1966), 그리고 〈단지 그대가 여자라는 이유만으로〉(1990)에 이르기까지 20세기에도 법정 영화는 꾸준히 제작되었다. 그런데 이 영화들에서 법정에 서는 피고인은 대부분 여성이었으며, 영화는 그들에 대한 관객의 공감과 연민을 유발하는 데에 집중했다. 그래서 이 영화들에서 가장 자주 쓰이는 법률 용어는 '정상참작情狀參酌' 이었고, 해당 영화들은 대개 멜로드라마 장르로

분류되었다. 그럼에도 불구하고 〈검사와 여선생〉에서 〈단지 그대라는 이유만으로〉에 이르면서 객관적 증거에 입각한 합리적 논증이 중요해지고 있다는 것은 쉽게 알 수 있다. 여기에서 그 전사前史에 해당하는 법정 멜로드라마와 〈소수의견〉의 역사적 연관성이 발견된다. 그리고 〈소수의견〉이 무언가 한국 영화 특유의 법정 영화라는 인상을 주는 이유도 함께 설명될 수 있을 듯하다.

그러나 〈소수의견〉은 여기에서 끝나지 않는, 2010년대 법정 영화로서의 힘을 지니고 있다. 그것은 한쪽에 치우치거나 감정 과잉에 흐르지 않으면서 다양한 입장에 대한 균형 감각을 잃지 않는 과정에서 견지되는 조용한 뚝심이다. 이 영화의 마지막 장면에서 윤진원은 박재호 사건의 검사였던 홍재덕(김의성)과 법원 앞에서 우연히 마주친다. 홍재덕은 자신의 위법 행위를 국가에 대한 자발적 봉사라고 주장하며 윤진원에게 일갈한다. "네가 뭘 알아!' 그러자 윤진원은 당당하게 돌아서 가는 홍재덕의 뒷모습을 잠시 물끄러미 보더니 그가 방금 건네고 간 명함을 바로 찢어 버린다. 이 장면이야말로 이 영화의 화룡점정이다.

앞서 말했듯이 소소한 재미로 이루어진 이 영화를 관객은 끝까지 흥미롭게 보지만 영화를 통해 참신한 정보를 알게 되거나 충격적인 반전을 경험하지는 않는다. 박재호에 대한 재판에서도, 국가에 대한 소송에서도, 재판 결과로만 본다면 주인공이 성공하는 것은 없다. 그래서 해피엔딩은 아니면서도 이 영화는 묘하게 긍정적인 분위기를 만들어 내며 막을 내린다. 그 결정타는 명함을 찢는 윤진원의 '시크함' 에 있다. 권력의 개가 되어야 한다는 신념이 뼛속까지 밴 괴물 앞에서 '쫄지도' , 머뭇대지도 않는 패기는 일상 속 대의의 실천이라고 말할 수 있을 것 같다. 그래서 윤진원과 장대석은 큰 요리를 할 줄 모르고 "짜장면과 짬뽕을 팔아 먹고 사는 동네 중국집" 같은 변호사들이면서도 "100원에 법의 길을 묻고" , 누군가 "박살날 때까지 끝까지" 갈 수 있었던 것이다. 그럼으로써 이 영화는 '가여운 피고인' 과 '그를 그렇게 만드는 몹쓸 세상' 이라는 주정적主情的인 대립 구도에서 벗어나며 그 전사前史가 된 영화들과 갈라선다. 그리고 99%의 입장에서 1%를 위해 존재하는 국가 권력의 책임을 과감히 묻는 2010년대 한국 법정 영화의 대표작이 된다.

박 유 희 _ narrative21@naver.com

영화비평가이자 한국영화사 연구자. 영화사의 맥락과 서사장르의 관계망 안에서 현재 영화의 위상과 의미를 묻는 비평을 하고 있음. 『디지털시대의 서사와 매체』『서사의 숲에서 한국영화를 바라보다』『대중서사장르의 모든 것』 1~5권(공저) 등의 책이 있음.

최동훈 감독

암살

제작/ 케이퍼필름
감독/ 최동훈
출연/ 전지현, 이정재, 하정우, 오달수, 조진웅, 이경영, 최덕문, 박병은
각본/ 최동훈, 이기철
촬영/ 김우형
조명/ 김승규
음향/ 홍윤성
음악/ 장영규, 달파란
무술/ 유상섭, 노남석
편집/ 신민경

염석진의 죽음과 함께 〈암살〉은 완성된다. 그러나 한편, 이러한 결말은 현실에서 암살은 완성되지 않았음을 환기시킨다. 우리 현대사에서 친일파는 아직도 제대로 처벌되지 않았기 때문이다. 염석진의 모습은 친일 앞잡이였으나 해방 이후에도 줄곧 권세를 구가한 이 땅의 적지 않은 실존 이름들을 떠올리게 한다. 현실에서 '암살'은 아직 끝나지 않은 것이다. 그래서 영화 〈암살〉의 여운은 현재 진행형으로 지속된다.

— 본문 中

아직 끝나지 않은 '암살'

— 최동훈 감독 〈암살〉

홍용희

최동훈 감독의 〈암살〉은 일제 강점기와 해방 공간의 시대정신을 가로지르고 있다. 우리에게 일제 강점기란 무엇인가? 그것은 민족은 있으나 국가가 없었던 시대이다. 마치 영혼은 있으나 육체가 없는 형국이었다. 이처럼 치명적인 불구의 상황에 대처할 수 있는 삶의 방법론은 무엇일까? 크게 두 가지를 들 수 있다. 하나는 영혼이 깃들 수 있는 육체를 찾는 것이다. 국권 회복을 위한 절박한 싸움의 길이 그것이다. 일제 강점기 동안 한반도는 물론 만주, 상해 등에서 치열하게 벌어졌던 독립운동이 여기에 해당한다. 다른 하나는 민족(영혼)의 정체성을 스스로 부정함으로써 육체(국가)의 상실을 상실로 인식하지 않는 것이다. 이것은 일본의 식민지 지배 전략이었던 내선일체론, 즉 일본과 조선의 조상은 같기 때문에 모두 황국신민이 되어야 한다는 민족 말살 정책 논리에 상응한다. 물론 이것은 허구이고 거짓 화해이다.

물론 이 두 가지 선택지가 전부는 아니다. 어느 시대나 그러하듯, 회의주의가 한켠을 이룬다. 이들은 상황에 따라 친일로 갈 수도 있고 독립운동으로도 갈 수 있다. 일제 식민지로부터 해방의 당위성을 인식하지만 과연 그것이 가능할까?, 라는 의구심이 회의론자의 바탕을 이루기 때문이다.

이 작품의 기본 줄거리는 이러한 시대 상황의 도상에서 박진감 있게 전개된다. 매국노 강헌국은 어린 쌍둥이 딸이 있다. 강헌국의 삶의 목표는 오직 자신과 쌍둥이 딸의 세속적 영달과 안위이다. 그에게 민족은 처음부터 안중에 없다. 반면에 그의 아내는 남편과 상반되는 성향이다. 잠깐 등장하는 그녀의 목소리와 눈빛에도 독립 의지와 민족의식이 강렬하게 표출된다. 그녀는 두 아이를 데리고 자신이 숨겨 준 청년 지사 염석진과 탈출을 감행한다. 친일의 소굴에서부터 스스로 탈출을 시도하는 것이다. 강헌국의 추적에 그녀는 죽고 염석진은 잡힌다. 쌍둥이도 언니는 잡혀서 집으로 돌아가고 유모의 품에 있던 동생은 만주로 가게 된다. 쌍둥이의 운명은 서로 같은 외모이지만 판이하게 다른 운명을 가게 된다. 언니는 아버지의 울타리 속에서 현실적 풍요를 구가하고 동생은 엄마의 유전자를 발전시켜 강인한 항일 전사로 자라게 된다. 부모의 서로 다른 성향을 자매가 각각 대변하는 형국이다.

장면은 1933년 상해 임시정부이다. 김구와 의열단의 김원봉은 암살단을 기획한다. 김구는 임시정부 경무국 대장 염석진에게 일본에 노출되지 않은 3명의 암살단원을 서울로 파견할 것을 지시한다. 한국 독립군 저격수 안옥윤, 신흥무관학교 출신 속사포, 폭탄 전문가 황덕삼은 임무 수행을 위해 경성을 향한다. 암살단의 타깃은 조선 주둔군 사령관 카와구치 마모루와 친일파 강인국이다. 암살단의 경성행에 그림자처럼 동행하는 사람이 있다. 하와이 피스톨 일행, 그리고 뜻밖에도 염석진이다. 하와이 피스톨은

친일파 아비를 부정한 살부계 멤버 출신의 살인 청부업자이고 염석진은 더 이상 독립지사가 아니라 이미 변절한 일제 밀정이다.

최동훈 감독은 이들 5명을 상해, 경성, 만주, 유격 부대, 임시정부, 감옥 등을 넘나들며 당대 역사의 안과 밖을 마음껏 헤집으며 뛰어다니게 하고 있다. 특히 유격대의 여전사 안옥윤이 강헌국의 딸이라는 사실이 부각되면서 최동훈 특유의 흥미, 긴장, 속도가 어우러진 영상 미학이 더욱 빛을 발한다. 이미 그는 〈범죄의 재구성〉에서부터 〈타짜〉, 〈전우치〉를 거쳐 〈도둑들〉에 이르기까지 그만의 마술적인 절제와 속도감으로 사건의 퍼즐을 해체하고 맞추는 손놀림을 유감없이 발휘한 바 있다. 때로는 그의 손놀림이 너무도 경쾌하고 정교해서 주제론적 감흥의 진정성과 깊이가 반감되어 보이기도 했던 것이 사실이다. 그러나 〈암살〉의 경우는 명쾌한 속도감과 묵직한 호소력이 서로 잘 어우러지고 있다.

이를테면, 하와이 피스톨은 묻는다. "친일파 몇 놈 죽인다고 독립이 되나?" 이에 대해 안옥윤은 짧고 명징하게 대답한다.

"둘을 죽인다고 독립이 되냐고? 그치만 알려줘야지. 우린 계속 싸우고 있다고"

안옥윤의 이 말에는 독립운동의 당위성, 의미, 가치 등이 칼날처럼 응축되어 있다. 민족(영혼)은 있으나 국가(육체)가 없는 상황에서 "계속 싸우는 것"이 올바른 삶의 숙명이 아니겠는가? "우린 계속 싸우고 있음"을 보여주는 과정이 불온한 식민지 지배로부터 독립의 의지를 드러내는 유일한 방법이 아니겠는가? "우린 계속 싸우고 있었다"고 기록되어지는 것이 먼 훗날 후손들에게 바람직한 민족적 삶의 태도를 일러주는 것이 아니겠는가? "우린 계속 싸우고 있다"는 것이 우리 민족은 결코 말살될 수 없음을 드러내는 증거가 아니겠는가? 안옥윤의 답변은 짧아서 오히려 길고 낮아

서 더욱 큰 여운을 남긴다. 그래서 하와이 피스톨은 어느새 염석진의 사주로 암살단을 저격하는 살인 청부업자에서 암살단을 돕는 항일 전사로 거듭나게 된다. 하와이 피스톨이 살인 청부업자가 되어 방랑했던 것은 독립운동의 현실적 의미에 대한 확신을 갖지 못했기 때문이다. 또한 안옥윤의 대답은 친일 앞잡이에 대한 날카롭고 강한 비판의 논리로 작품의 이면을 가로지른다.

강인국과 카와구치 마모루에 대한 암살 기도는 실패한다. 안옥윤이 장총을 들고 머리카락을 휘날리며 지붕과 거리를 누비는 여전사의 면모를 유감없이 발휘했지만 친일 앞잡이는 쉽게 죽지 않는다. 2차 암살 기도가 감행된다. 장소는 안옥윤 언니의 정략결혼 식장이다. 이미 안옥윤의 언니는 강인국의 손에 죽은 이후이다. 강인국은 안옥윤을 자신이 직접 키운 딸 미츠꼬로 착각했던 것이다. 쌍둥이였기에 엇갈리게 된 비운의 운명이다.

신부로 위장한 안옥윤은 결혼식장에서 테러를 감행한다. 신부의 붉은 꽃은 암살의 총이 숨기 좋은 곳이 된다. 흰 드레스는 핏빛으로 물든다. 2차 암살 기도는 성공한다. 그러나 안옥윤을 제외한 암살단 전원이 모두 목숨을 잃게 된다.

드디어 1945년 8월 15일 광복을 맞이한다. 민족은 있으나 국가가 없었던 시대가 마감된 것이다. 이제 새로운 국가 만들기가 시대적 과제가 된다. 어떤 나라를 만들 것인가를 두고 혼란과 충돌이 일어난다. 민족은 하나이지만 점차 국가는 둘이 된다. 결핍의 국가가 과잉의 국가로 된 것이다. 좌우익의 대립과 충돌이 격화된다. 일제 앞잡이는 이러한 시대적 흐름을 타고 어느새 반공 전사로 권력의 전면에 나선다. 염석진 역시 경찰 간부의 제복을 입고 나타난다. 반민특위(반민족행위특별조사위원회)가 열린다. 그의 일제 강점기 때의 만행이 지적된다. 그러나 이미 그는 반민특위에서도 어찌할 수 없는 권력자가 되어 있다. 우리 현대사의 비극적

아이러니다.

그러나 최동훈의 영화에서는 이를 허용하지 않는다. 제목이 '암살' 이 아니던가. 법정에서 나온 염석진은 후미진 뒷골목에서 안옥윤과 자신의 과거 부하에 의해 처형된다. "염석진이 밀정이면 암살하라." 16년 전 김구 선생의 명령이 이제서야 시행된 것이다. 염석진의 죽음과 함께 〈암살〉은 완성된다. 그러나 한편, 이러한 결말은 현실에서 암살은 완성되지 않았음을 환기시킨다. 우리 현대사에서 친일파는 아직도 제대로 처벌되지 않았기 때문이다. 염석진의 모습은 친일 앞잡이였으나 해방 이후에도 줄곧 권세를 구가한 이 땅의 적지 않은 실존 이름들을 떠올리게 한다. 현실에서 '암살' 은 아직 끝나지 않은 것이다. 그래서 영화 〈암살〉의 여운은 현재 진행형으로 지속된다.

홍 용 희 — chaenjan@naver.com

1966년 경북 안동 출생. 1995년 《중앙일보》 신춘문예로 등단. 저서로 『김지하 문학 연구』 『꽃과 어둠의 산조』 『아름다운 결핍의 신화』 『대지의 문법과 시적 상상』 등이 있음. 제 1회 젊은 평론가상, 편운문학상, 시와시학상, 애지문학상 등 수상. 《시작》, 《쿨투라》 편집위원. 경희사이버대 교수.

임흥순 감독

위로공단

제작/ 반달
감독/ 임흥순
출연/ 신순애, 이총각, 이기복, 김영미, 강명자
촬영/ 지윤정, 김길자, 이선영, 이용훈 외
조명/ 김명관, 유석문
음악/ 이태원
편집/ 이학민

1960년대 구로공단의 어린 소녀들부터 2015년 보이지 않는 폭력에 시달리는 콜센터의 감정 노동자까지. 〈위로공단〉은 일하는 여성들의 목숨마저 위협해 온 노동의 아픔을 숙연히 드러내는 데에서 한 발짝 더 나아간다. 모욕적인 똥물을 뒤집어쓰면서도 노동 운동을 했던 여리디 여린 구로공단의 직공들과 자신도 모르는 사이 방사능으로 백혈병에 시달리는 모 대기업의 여직원들. 근래 어떤 다큐멘터리보다 용감하고 솔직한 그녀들의 담담한 고백은 백 마디 부연 설명보다 울림이 크다.

— 본문 中

지옥도 속에 묻어 둔 얼굴

— 임흥순 감독 〈위로공단〉

나원정

일하는 여성에게 바치는 용감하고 아름다운 위로. 〈위로공단〉을 이렇게 표현할 수 있을까. 한국 최초로 세계적 미술전 베니스비엔날레에서 은사자상을 수상한 〈위로공단〉의 회화적인 이미지들은 한정 없이 넋을 놓을 만큼 아름답지만, 어느 순간 덮쳐 오는 현실감이 사정없이 등짝을 후려친다. 남의 얘기가 아니라, 우리 얘기다. 오늘도 변함없이 격무가 확정된 나와 당신과 우리들의 이야기.

'구로공단' 이라 지으려다 〈위로공단〉이 됐다. 제목에서 짐작이 가듯, 영화의 무대는 늘 큼큼한 먼지가 떠돌던 구로공단이다. 미술 작가이자 영화 연출가인 임흥순 감독은 구로공단이 있던 자리에 새로 들어선 창작 공장 '금천예술공장' 에서 2년간 머물게 된다. 제주 4 · 3 사건을 다룬 다큐멘터리 〈비념〉(2012)처럼 우리네 여성의 눈에 맺힌 세월을, 아픔을 스크린에 슬그머니 풀어내곤 했던 임흥순 감독. 구로에 간 그의 눈에 어김없이

밝힌 건, 공단에서 생때같은 청춘을 보낸 직공들. 그 중에서도 '공순' 이라 불린 여직공들이었다.

50여 년 전 전국 각지에서 모여든 꽃다운 그녀들은 지금 다 어디로 사라졌을까. 감독 자신의 미술 작업을 물심양면 응원한 어머니도 열일곱 살에 서울에 올라와 40년 넘게 봉제 공장 작업 조수로 일했다. 여동생은 백화점에서 일을 한다. 공단 주변에서 만난 그 시절의 소녀들이 이제 주름진 얼굴로 "나 때문에 고생한", "고된 하루하루를 함께 버티던" 언니와 동생들을 고맙고 그립고 미안해하는 마음. 그 애틋한 자매애를 남자인 임흥순 감독이 자신의 일처럼 공감할 수 있었던 까닭이다.

1960년대 구로공단의 어린 소녀들부터 2015년 보이지 않는 폭력에 시달리는 콜센터의 감정 노동자까지, 〈위로공단〉은 일하는 여성들의 목숨마저 위협해 온 노동의 아픔을 숙연히 드러내는 데에서 한 발짝 더 나아간다. 모욕적인 똥물을 뒤집어쓰면서도 노동 운동을 했던 여리디 여린 구로

공단의 직공들과 자신도 모르는 사이 방사능으로 백혈병에 시달리는 모 대기업의 여직원들. 근래 어떤 다큐멘터리보다 용감하고 솔직한 그녀들의 담담한 고백은 백 마디 부연 설명보다 울림이 크다.

발언의 수위도 세다. 일터에서 겪은 부당한 대우와 상처를 〈위로공단〉은 실명과 함께 거침없이 보여준다. 영화에는 스무 명 가량의 인터뷰가 들어갔지만, 임흥순 감독이 실제 만난 이들은 예순다섯 명. 2014년 열악한 노동 환경에 저항하던 캄보디아의 한국 의류 기업 직공들의 노동 현장을 현지 군대가 유혈 진압하는 장면을 보고 나면, 인터뷰에 응한 이들의 안전이 걱정스러울 정도다. “민감한 얘기다 보니 만나자고 하면 99%는 거절한다. 인터뷰에 응해 준 분들은 큰 용기를 내주신 것”이라는 임흥순 감독의 말이 절절히 실감된다.

20여 명의 인터뷰 사이사이 상징적으로 새겨 넣은 장면들은 겉돌지 않고 고스란히 가슴 속에 와 박힌다. 엉뚱한 곳에서 끌어다 온 상투적인 위

로가 아니라 바로 그녀들 자신의 아픔 속에서 건져낸 사려 깊은 위로여서 다. "미술로 경력을 시작해, 스토리보다 이미지를 먼저 상상한다."는 임흥순 감독이 〈위로공단〉을 고민하며 가장 먼저 떠올린 건 자매애였다. 전국 각지에서 상경한 구로공단의 직공들이 살풍경 속에 서로 의지하고 공감할 수 있었던 끈끈한 정情 말이다.

죽어서 염殮을 하듯, 얼굴 전체를 새하얀 면 보자기로 싸고, 마주보며 속 살대는 두 여인은 임흥순 감독이 어머니에게 섬유 공장에 대해 듣고 떠올린 이미지다. 섬유 공장에는 눈에 잘 보이지도 않는 얇은 먼지가 늘 부유하는데, 직공들의 콧구멍, 귓구멍이 먼지로 막히는 게 그에겐 염하는 모습으로 연상된 것이다. 그때나 지금이나 그녀들의 일터 자체가 죽어 가는 환경이었다. 흰 보자기로 싼 얼굴은 그러니, 바로 그 지옥도 속에 우리가 그간 놓치고 묻어 둔 얼굴이란 의미이기도 하다. "이젠 그 잃어버린 얼굴에 눈과 코와 입을 만들어 줘야 할 때"라고 임흥순 감독은 말했다.

서로의 손을 꼭 쥐고 숲을 헤매는 소녀들은 각박했던 구로공단에서 함께 버티던 어린 여직공들을 표현한 것이다. 그런데 왜 하필 '숲' 일까? "숲은 심리적인 풍경에 가깝다."는 게 임흥순 감독의 설명이다. "숨막히는 공장, 기계, 개발, 발전과 대비되는 공간이자, 숲은 그 자체로 치유다. 여성성의 일부분처럼 느껴지기도 했다."고 그는 털어놨다.

〈위로공단〉에는 또 철새가 많이 등장한다. 날아다니는 모습이 자유로워 보였기 때문이다. 까마귀가 유독 자주 보이는 데에는 더 상징적인 의미가 있다. 주제가 주제이니만큼, 〈위로공단〉은 부산, 인천, 울산 공단 지역에서 주로 촬영했다. 울산에서 새를 연구하는 이에게 임흥순 감독은 흥미로운 얘기를 들었다. 울산이 공업화되면서 오염됐던 태화강이, 삶의 질이 향상되면서 환경에 눈 돌린 이들에 의해 되살아났다는 것이다. 겨울에는 까마귀, 여름이면 두루미가 오가는데, 여름 철새와 겨울 철새가 한 서식지를 나눠 쓰는 현상은 희귀한 일이었다. 임흥순 감독에게 그건 노사 문제의 대안처럼 느껴졌다. 흉조라 불리는 까마귀는 특히 세상에 꼭 필요한 존재

인데도 세상에서 터부시되는 노동자의 존재와 겹쳐졌다. 영화 전체의 맥락에서 도드라지는 듯해 의미를 부각하진 않았지만, 까마귀와 철새의 이미지는 〈위로공단〉에 어떤 심리적인 징후처럼 뭉클한 정조를 자아낸다.

〈위로공단〉에서 뉴스 자료 화면을 제외하면 실제 일하는 현장에서 촬영한 건 다산콜센터뿐이다. 마트, 공장들은 모두 공개를 꺼렸다. 노동의 풍경을 일상이 아닌 영화나 연극, 박물관에서만 확인할 수 있는 건 우리 사회의 안타까운 현실. 부당 해고에 맞선 홈에버 직원들의 점거 농성 당시를 재현한 장면도 실제 마트 촬영이 어려웠다. 대신 홈에버 사태를 영화화한 부지영 감독의 〈카트〉(2014)의 마트 세트장을 빌렸다. 이 재현 장면에서 임흥순 감독은 당시 농성에 참여한 실제 직원만 우두커니 남은 텅 빈 마트 현장을 보여준다. 계산대에 선 직원을 제외하고 손님들은 쇼핑하던 물건만 카트에 남기고 갑자기 증발한 듯 적막하다. 평소와 같이 붐비는 마트라면, 시선이 분산될 수밖에 없다. 어떻게 하면 일하는 여성들을 조금이라도 제대로 바라보게 할 수 있을까. 아예 다 소멸하고 처음부터 시작할

수밖에 없는 걸까. 임흥순 감독이 그런 생각으로 빚어 낸 장면이다. 완전히 새로운 시선이 생겨나려면, 익숙한 풍경을 다 지우고 일체의 선입견 없이 다시 보려는 노력이 필요할 테니까. 〈위로공단〉의 첫 장면, 앙코르와트 사원의 무너진 폐허에서 12세기 남성의 시선으로 대상화된 풍만한 몸매의 여성 조각상을 '대상'이 아닌 하나의 '존재'로서 다시 들여다본 것도 이와 일맥상통하는 테마다.

〈위로공단〉에서 가장 의미심장한 건 눈가리개를 한 여성의 모습. 눈만 내놓은 삼성 반도체 작업복의 역설이다. 육체 노동이 많던 시절 공장이 밀집한 영등포에는 손가락이 잘린 인구가 서울에서 가장 많았다고 한다. 현대로 와서 반도체 공장의 여성 직공들은 반대의 고통을 겪는다. 백혈병, 유산, 불임, 그리고 기형아 출산. 육체 노동자의 하나가 모자란 손가락과는 반대로 손가락을 하나 더 갖고 태어난 아이들. 반대이지만, 또 같은 비극. 자꾸만 비극이 잉태된다.

〈위로공단〉은 여성으로서, 사람으로서 존엄성을 파괴하는 현실을 들춰

낸다. 일의 문제고, 삶의 문제다. 임흥순 감독에게 〈위로공단〉은 자신의 어머니에게 바치는 영화이기도 하다. 꽃다운 나이에 충북 괴산에서 올라와 봉제 공장에 청춘을 바친 그의 어머니는 서울 변두리 동네에서 가난과 싸우며 그와 여동생을 키워 냈고, 4년 전 대상 포진에 걸려 일을 그만뒀다고 한다. 임흥순 감독은 어머니의 이름을 자막에 새겨 고마워하는 대신, 매일 조용히 뒷산을 오르는 어머니의 지금 모습을 〈위로공단〉 말미의 한 장면으로 새겨 넣었다. 영화에 등장한 수많은 일하는 여성들의 뜨거웠던 한 시절을 묵묵히 추억하면서.

베니스비엔날레를 비롯한 해외 여러 미술제와 영화제가 〈위로공단〉을 초청한 건 말이 통하지 않아도 순연하게 마음을 어루만지는 위로의 정서가 통했기 때문일 테다. 다른 나라의 현실을 꾸준히 돌아보며, 한국의 얘기가 한국으로 끝나는 게 아니란 걸 알게 됐다는 임흥순 감독. 아시아의 역사 속에 한국이 있고, 한국에서 바라보는 아시아가 서로 연결돼 있다. 〈위로공단〉에서 그는 기술과 함께 열악한 노동 여건마저 이웃 나라에 수출한 '아시아의 선진국' 한국의 현실을 아프게 돌아본다. 그리고 더 넓어진 그의 시선은 이제 더 깊이 있는 시대정신으로 무르익을 게 틀림없다. 임흥순 감독의 다음 작품을 기다리는 까닭이다.

* 맥스무비 매거진(2015년 07월, 제22호)에 실린 관련 기사를 재편집했습니다.

나 정 원 _ minyme0810@hotmail.com

만화도 보고 소설도 애정하는 잡식성 영화기자. 영화 월간지 《스크린》과 《맥스무비》, 주간지 《무비위크》를 거쳐 《매거진 M》에서 매주 글을 쓰고 있다.

홍상수 감독

지금은맞고 그때는틀리다

제작/ 영화제작전원사
감독/ 홍상수
출연/ 정재영, 김민희, 윤여정, 기주봉, 최화정, 유준상, 서영화, 고아성
각본/ 홍상수
촬영/ 박홍열
조명/ 이의행
음악/ 정용진
편집/ 함성원

일상과 욕망, 반복과 차이, 발견의 감각 등은 홍상수의 영화를 해석하는 중요한 키워드이며, 〈지금은맞고그때는틀리다〉 역시 이것으로부터 벗어나 있지 않다. 하지만 이 영화는 지금까지의 그의 영화에 대한 반복이면서 동시에 차이이기도 하다. 지금까지 그는 일상이 지닌 욕망의 어두운 부분을 부각시켜 그 안에 은폐되어 있는 불안과 공포를 극대화하거나 불가해한 것으로 만들어 버리는 경향이 있었지만 이번 영화에서는 그것을 넘어 세계와의 화해를 통해 평정을 유지하려는 태도를 보여주고 있다.

— 본문 中

일상 혹은, 은폐된 영화 형식의 발견

— 홍상수 감독 〈지금은맞고그때는틀리다〉

이재복

홍상수 영화의 미학성을 이야기할 때 빠트릴 수 없는 것이 바로 '일상'이다. 그의 영화에서 일상은 가장 중요한 형식이면서 동시에 내용을 이룬다. 미학의 기본 원리를 일상이나 사물에 대한 낯설게 하기라는 고전적인 규정을 상기한다면 그의 영화의 문제의식은 상투성의 파괴와 같은 실험적인 성찰을 드러낸다고 할 수 있다. 낯설게 하기의 원리가 형식주의자들을 거쳐 소격 효과로 유명한 브레히트와 초현실주의자들에 와서 결실을 맺은 것은 우연이 아니다. 일상이 진부하고 상투적이라면 이들에게 그것은 파괴와 실험의 대상일 뿐만 아니라 이러한 과정을 통해 그 이면에 은폐되어 있는 형식을 발견해야 하는 대상이기도 한 것이다. 익숙하고 상투적인 일상이 그 이면에 은폐하고 있는 낯선 형식을 드러낼 때 발견과 공감에서 오는 미적 충격은 그만큼 더 클 수밖에 없다.

우리가 홍상수 영화에서 낯선 세계와 형식을 발견하게 된다거나 여기에서 일정한 공감과 미적 충격을 체험하게 된다면 그것은 바로 이러한 이유 때문일 것이다. 일상이 익숙하고 상투적이라는 것은 무엇보다도 그것을 대하는 의식 자체가 어떤 고정관념에 사로잡혀 있다는 것을 의미한다. 만일 의식 주체가 이 고정관념을 깨지 못한다면 낯선 세계도 또 형식도 발견할 수 없을 것이다. 이런 점에서 그의 영화는 의식 주체에 의해 창조되는 것이 아니라 '발견' 되는 것이라고 할 수 있다. 그의 영화는 다양한 실험으로 정평이 나 있지만 어디까지나 그것은 일상을 낯설게 하여 여기에 은폐된 세계를 발견하려는 의식 주체의 의도에서 비롯된 것에 다름 아니다. 일상에 은폐된 세계를 탈은폐(발견)하기 위해서는 의식 주체의 지각이 어떤 개념이나 도구화된 틀에 의존해서는 안 된다. 이런 점에서 그의 감각은 열려 있다.

홍상수의 다른 영화들과 마찬가지로 〈지금은맞고그때는틀리다〉의 형식은 반복과 차이이다. 이 반복과 차이가 영화의 한 원리로 작용하면서 일상은 발견의 의미를 드러낸다. 만일 일상이 차이 없이 반복만 계속된다면 그것은 낡고 상투적인 차원에서 머물 뿐 낯설고 새로운 세계로 질적인 도약을 하지 못할 것이다. 영화는 동일한 시점에서 두 번 반복된다. 그때마다 〈봄이 오면〉의 멜로디가 들려오면서 영화는 시작된다. 우리에게 익숙한 멜로디와 함께 펼쳐지는 일상은 각각 다른 이야기의 층위를 드러낸다. 하나의 일상이 다른 층위로 드러난다는 것은 의식 주체의 일상에 대한 해석이 동일하지 않다는 것을 의미한다. 영화 속 사건은 의식 주체의 이러한 태도에 의해 선택되고 또 구성된다. 영화의 전반부와 후반부의 각기 다른 이야기의 층위에 대해 의식 주체는 '그때' 와 '지금' 으로 명명한 뒤, 여기에 '틀리다' 와 '맞다' 라고 의미 부여를 한다. 그렇다면 의식 주체는 왜 이런 식으로 의미 부여를 한 것일까? 여기에는 분명 가치 평가적인 면이 내재해 있다.

이와 관련하여 우리가 주목해야 할 인물은 함춘수(정재영 분)이다. 이 영화는 그의 의식의 흐름을 반영한다고 해도 과언이 아니다. 영화의 전반부와 후반부의 그는 분명 같으면서도 다른 존재이다. 전반부의 함춘수는 표피적인 삶의 언저리에서 배회하고 불안을 느끼는 그런 존재이고, 후반부의 함춘수는 삶의 이면에 은폐되어 있는 진실의 심층을 들여다보려는 그런 존재이다. 깊이 삶의 이면을 들여다보지 못한 자의 모습이란 온갖 가식과 포즈로 점철된 행위를 통해 그것을 숨기려 할 뿐 여기에 대해 어떤 반성도 하려고 하지 않는다. 자기 반성이 없는 자에게 삶은 그 자체가 목적이나 지평으로 드러나지 않기 때문에 그의 말이나 행동은 부박할 수밖에 없고 또 어떤 진정성도 느껴지지 않는다. 전반부에 그가 윤희정(김민희

분)을 만나 나누는 대화와 행동이 그것을 잘 말해 준다. 영화 전반부에서 무언가 겉돌고 있는, 그래서 삶과 전혀 밀착되지 않는 그의 불안한 모습을 마주하게 되는 것이다.

이렇게 그가 자신의 삶과 마주하지 못한 채 자기 반성의 과정을 망각하면 윤희정은 더 이상 후반부에 등장할 필요가 없다. 그녀는 자신의 의지와 선택을 통해 삶의 좌표와 진정성을 모색하고 있는 그런 인물이다. 이 둘이 영화의 서사를 이어가기 위해서는 서로 다른 이들의 입장이나 관점이 충돌하여 파탄에 이르거나 아니면 갈등을 해결하여 화해에 이르거나 해야 한다. 이 영화가 보여주는 것은 후자이다. 둘 사이의 관계가 화해의 국면을 맞이하게 된 데에는 그것을 매개하는 것이 있어야 하는데, 영화 속에서 그것은 윤희정의 캔버스에 그려진 그림, 시인과 농부에서의 알몸 사건, 스시 집에서 서로 주거나 받거니 하면서 마시는 술, 주영실이 건네준 시집 등으로 드러난다. 이 질료들은 서로 연결되어 있지 않은 것처럼 보이지만 그 이면에 은폐되어 있는 것은 모두 '삶의 표피성' 에 대한 반성이라는 의미이다. 이와 같은 반성이 없었기에 그는 진실을 드러내지 못한 채 거짓된 포즈만을 취했던 것이다. 이것들은 모두 '그때' 와 '틀린 것' 을 환기하는 질료이면서 동시에 '지금' 과 '맞는 것' 을 매개하고 환기하는 질료이기도 하다.

〈지금은맞고그때는틀리다〉의 형식이 생경하지 않게 낯선 세계를 드러낼 수 있는 데에는 매개의 역할이 중요하다고 하지 않을 수 없다. 전반부에서 후반부로 넘어가면서 함춘수의 의식은 이러한 매개를 통해 질적인 도약을 이룬다. 그의 의식의 질적인 도약은 윤희정과의 관계에 새로운 길을 튼다. 그의 진정성을 확인한 그녀가 마음의 문을 열면서 겉돌던 둘 사이의 관계는 점차 친밀성을 띠게 된다. 둘 사이의 관계는 표피적인 차원을 넘어 서로에 대한 깊은 이해의 차원으로 발전한다. 영화의 말미에 그의 영화를 보기 위해 그녀가 박물관을 찾는 장면은 그 이해의 한 정점을 보여준다. 그가 만든 영화를 통해 그를 좀 더 이해하려는 그녀의 태도는 이 영화의 주제인 '지금은 맞고 그때는 틀리다' 라는 모토를 구체화하기에 이른다. 그때의 틀림 혹은 지금의 맞음에 대한 둘 사이의 공감은 '화성행궁' 에서의 우연한 만남을 필연적인 하나의 사건으로 바꿔 놓는다.

이들의 만남이 우연으로 굳어져 버리지 않고 그것이 필연성을 전제하고 있기 때문에 영화는 일정한 서사적 긴장과 전망을 획득하고 있다. 하루 동안의 이야기가 단조롭거나 단선적이지 않고 중층적이고 복합적인 서사 라

인을 구축하고 있다거나 그것이 진부하거나 표피적인 차원을 넘어 세계의 이면에 은폐된 낯선 의미를 드러내고 있는 데에는 이러한 의식 주체의 발견의 감각이 작동하고 있기 때문이라고 할 수 있다. 하루라는 일상에 낯선 의식이 투사되어 있지 않다면 영화는 지루하리만치 의미 없는 반복과 상투적인 사건의 흐름만을 보여주었을 것이다. 영화의 전반부와 후반부에 걸쳐 드러나는 '화성행궁' — '윤희정의 화실' — '스시 집' — '시인과 농부' — '박물관' 등의 시공간적 의미가 각기 다른 문맥을 거느리면서 두 인물의 의식의 질적 도약을 추동하고 있다는 것은 이 영화에 반복과 차이의 논리가 개입되어 있다는 것을 말해 준다.

일상과 욕망, 반복과 차이, 발견의 감각 등은 홍상수의 영화를 해석하는 중요한 키워드이며, 〈지금은맞고그때는틀리다〉 역시 이것으로부터 벗어나 있지 않다. 하지만 이 영화는 지금까지의 그의 영화에 대한 반복이면서 동시에 차이이기도 하다. 지금까지 그는 일상이 지닌 욕망의 어두운 부분을 부각시켜 그 안에 은폐되어 있는 불안과 공포를 극대화하거나 불가해한 것으로 만들어 버리는 경향이 있었지만 이번 영화에서는 그것을 넘어 세계와의 화해를 통해 평정을 유지하려는 태도를 보여주고 있다. 어쩌면 이러한 태도는 '지금은 맞고 그때는 틀리다'에서 알 수 있듯이 의식 주체의 세계에 대한 객관화된 이해와 판단의 산물이라고 할 수 있다. 영화의 전반부에서 후반부로 이어지는 흐름은 의식의 질적 도약이라고 할 만큼 세계를 보는 관점, 행동 등에서 차이를 보이며, 이것은 그대로 영화의 형식으로 이어진다. 영화 속 함춘수와 윤희정이 보여주는 가식적이거나 상투적이지 않은 자연스럽고 진솔한 감정은 이들의 일상 혹은 삶의 지평이 열려 있다는 것을 의미한다. 일상 혹은 삶이 은폐하고 있는 세계를 발견하

기 위한 다양한 시도와 실험은 영화의 문법이나 형식의 확장으로 이어진다는 것을 그의 영화는 잘 말해 주고 있다. '봄이 오면 산에 들에 진달래 피듯' 이 우리의 일상이나 삶 역시 반복될 수밖에 없지만 그 속에서 어떻게 차이를 만들어 내느냐에 따라 영화의 형식이나 문법이 결정된다는 것을, 홍상수는 누구보다 잘 알고 있다.

이 재 복 _ momjb@hanmail.net

문학평론가. 저서로 『몸』 『비만한 이성』 『한국문학과 몸의 시학』 『우리 시대 43인의 시인에 대한 헌사』 『한국 현대시의 미와 숭고』 등이 있음. 고석규비평문학상, 젊은평론가상, 편운문학상, 애지문학상 수상. 『쿨투라』 『본질과현상』 『시와사상』 『시로여는세상』 편집위원. 현재 한양대 한국언어문학과 교수 겸 한양대 미래문화연구소 소장.

장건재 감독

한여름의 판타지

제작/ 모큐슈라
감독/ 장건재
출연/ 김새벽, 이와세 료, 임형국
각본/ 장건재
프로듀서/ 장건재, 가와세 나오미
촬영/ 후지이 마사유키

무엇보다도 〈한여름의 판타지아〉는 많은 미덕을 갖춘 영화이다. 일본 나라현에서의 지원과 함께 한국 독립 영화계의 자랑인 장건재 감독과 일본 가와세 나오미 감독의 공동 프로젝트라는 것, 촬영감독 출신의 영화답게 나라현 고조시의 아름다운 풍광을 촘촘하게 기록하고 있다는 것, 그리고 합작 영화에서 주로 표출되는 강약의 조절의 미숙함이 성공적으로 이루어졌다는 것, 이를테면 김새벽, 이와세 료, 임형국 등 배우들의 호흡과 자연스러운 언어 연기는 탁월하다. 이 미덕들을 관통하는 것이 우리가 세상을 살면서 마주치게 되는 모든 것들을 지그시 바라보는 애정과 관용의 시선에 있다는 것이 아마도 이 영화의 가장 큰 성취일 것이다.

— 본문 中

'첫사랑', '벚꽃우물', '키스'의 또 다른 이름

— 장건재 감독 〈한여름의 판타지아〉

유지선

경계, 말 걸기

소박한 어느 식당을 비추어 내는 흑백의 화면, 간간히 들려오는 대화 소리에 귀를 기울이자 그곳이 일본임을 짐작하게 되는 순간, 이를 탐색하는 듯한 한 남자의 모습이 눈에 들어온다. 그리고 이어지는 식당 손님들의 자기네 삶의 이야기… 기록 영상과도 같은 영화의 프롤로그가 지나자, 아까 그 남자 태훈과 또 한 명의 여자 미정이 누군가를 찾아 나서면서 영화는 일본의 작은 마을 나라현 고조시로 들어간다.

장건재 감독의 〈한여름의 판타지아〉는 일본의 지방 소도시 나라현 고조시를 배경으로, 두 개의 챕터로 구성된 이야기를 보여준다. 감독이 전작 〈잠 못 드는 밤〉으로 나라국제영화제에 갔을 때 영화감독이자 그 영화제의 집행위원장인 가와세 나오미와의 만남을 계기로 영화제 프로젝트 지원

으로 영화는 만들어졌다. 기획의 출발점이기도 한 '나라'는 이 영화의 모든 것이고, 그 모든 것에 우리를 다가서게 한 것은 두 개의 챕터에 등장하는 인물들의 나지막한 '말 걸기'이다.

첫 번째 챕터, '첫사랑, 요시코'. 영화감독 태훈과 조감독 미정은 영화를 만들기 위해 고조에 온다. 이제는 나이 든 사람들이 대부분인 고요한 일본의 작은 마을 고조에서라면 새로운 것을 만들어 낼 수 있다는 분명한 믿음을 갖고 마을을 찾은 태훈과 그와 함께하는 미정은 고조를 알기 위해 시청 직원 유스케와 마을 사람 켄지의 도움을 받는다. 두 사람은 고조에 대해 이것저것 물어보고 마을 사람들을 인터뷰하며 그들의 이야기를 통해 본인들이 찾고자 하는 것들을 반추해 낸다.

영화는 첫 번째 챕터의 '고조에의 말 걸기'의 시간을 흑백의 화면으로 담아낸다. 두 번째 챕터 '벚꽃 우물'이라는 컬러의 세계로 들어가기 전까지 고조는 흑백에 있다. 이 뚜렷한 경계는 첫 번째 챕터에서 유스케와 켄지의 내밀한 고백을 중심으로 하여 두 번째 챕터로 이어진다. 어느 관객은 영화를 보는 동안 첫 번째와 두 번째 이야기의 인과관계를 면밀히 분석해 내려 할 것이다. 하지만 등장인물들의 대화를 통해 그것이 완벽하게 판명되기에는 어렵다는 것을 알게 되고, 우리의 모호한 추측은 컬러의 세계에서 꽃이 피는 유스케와 켄지의 고백으로 인해 만족스럽게 포기된다.

마주침, 대화

두 번째 챕터, '벚꽃 우물'. 첫 번째 '고조에의 말 걸기'는 두 번째 챕터에서의 '마주침'을 통해 '대화'로 이어진다. 나라로 여행을 왔다가 좀 더 조용한 곳을 찾기 위해 고조까지 들어온 혜정은 역전 안내소에서 유스케와 마주친다. 유스케는 고조의 안내를 자처하며 혜정에게 다가서고, 두 사람은 마을의 이곳저곳을 다니며 이틀간의 시간을 함께한다. 첫 번째와 두 번째가 거울상과도 같은 〈한여름의 판타지아〉는 그럼에도 불구하고, 컬러의 세계에서 많은 것을 풀어놓는다. '첫사랑, 요시코'에서 쇠락해 가는

마을 고조로 오게 된 이유를 이야기하는 시청 직원 유스케와 조감독 미정의 서로에 대한 스침은 '벚꽃 우물'에서 비슷한 두 사람, 혹은 시청 직원 유스케의 고백 속 한국 여자일 수도 있는 혜정과의 이야기를 통해 대화로 이어진다.

아마도 많은 이들은 첫 번째 챕터를 질료로, 두 번째를 그 질료가 만들어낸 작품이라고 할지도 모르지만, 실상 이 영화의 특별함은 그 질료와 작품의 모호한 차이를 잡아내는 아름다움에 있다. 이를테면, 등장인물들의 고백이 겹치고 엇갈리는 장면들이나, 첫사랑 요시코에 대한 마을 아저씨 켄지의 추억담을 확인하게 되는 초등학교의 사진, 오랜 시간 사랑의 이야기로 전해지는 벚꽃 우물의 전래 등이 그러하다. 특히 영화는 '이름'과 '얼굴'을 통해 모호한 차이를 길어 올리는 아름다운 순간을 포착해 낸다. 도쿄를 피해 시골로 온 다나카 유스케가 두 챕터 모두에서 자기의 이름을 소개하는 장면, 영화의 프롤로그의 식당에 있는 첫 번째 챕터의 태훈과, 그리고 두 번째 챕터의 같은 식당에서 비슷한 모습으로 앉아 있는 혜정의 모습을 클로즈업으로 담아내는 장면을 통해 우리는 고조가 현재이자 역사이고, 바로 지금이자 영화의 시간임을 알아차리게 된다. 첫 번째 챕터에서 조감독 미정으로서 고조의 풍광에 가려져 있던 미정이, 두 번째 챕터의 식당에서 혜정으로서 말갛게 얼굴을 드러내는 클로즈업 장면은 숨이 멎을 정도로 아름답다. 그 클로즈업이 우리의 내밀한 고백과 닮아 있기 때문일 것이다. 또한 식당에 있는 '영화감독' 태훈의 프롤로그 시점과 '영화배우' 혜정의 그 장면이 영화에서 정확히 겹쳐진다는 점은 매우 흥미롭다. 감독과 배우의 이야기가 시작되는 그 시점이 바로 이 두 챕터의 절정이 될 것임을 시사하기 때문이다.

키스와 이별

조용한 곳을 찾아 고조에 온 혜정과 그녀를 조용하게 두지 않고 말 걸기를 시도한 유스케, 두 사람은 고조라는 곳에서 짧은 시간을 함께한다. 첫 번째 챕터에서 영화를 만들기 위해 고조에 온 한국의 영화감독 태훈의 말 걸기는 두 번째 챕터에서 일본인 유스케의 말 걸기로 전도된다. 이렇게 영화는 경계를 사이에 두고 반복적으로 등장인물들의 역할을 바꾸어 낸다. 하지만 이 반복되는 동일성과 뒤바뀜, 그리고 비껴 남은 사랑이라는 하나의 강을 줄기로 이어진다. 이는 동쪽에서 서쪽으로 흐르는 요시노 강을 중심으로 남과 북으로 나누어져 있는 나라현의 모습과 닮아 있다.

그래서 짧은 시간 동안 서로에게 끌림을 확인하는 혜정과 유스케의 키스는 매우 특별하다. "불꽃놀이를 같이 보러 가지 않을래요?" 라는 유스케의 제안을 혜정은 허락하지 않는 대신, 펜으로 그의 팔에 연락처를 적어 준다. 배우라는 자신의 일에 확신을 갖지 못하여 삶이 가벼운 혜정과 아버지의 고

향인 고조로 와서 감을 재배하는 유스케는 무엇을 위해 고조를 찾았을까. 희망일까 안식일까. 가장 고요한 곳에서 삶의 불안함을 공유하는 두 사람의 끌림은 결국 이별한다. 한국에는 백제 시대의 유산을 간직한 곳으로 알려져 있는 나라현 고조의 두 일본 남자는 한국 여자를 끌림의 추억으로 되새긴다. 삶의 침묵을 향해 나아갈 수밖에 없는 우리가 마주치는 그 지점에 역사의 그물이 만들어진다. 그래서 두 사람의 키스는 불꽃놀이처럼 예쁘고, 영화감독 태훈의 꿈처럼 모호하게 강렬한 경험으로 관객에게 다가온다.

그리고 이름 없는 자들의 기억

무엇보다도 〈한여름의 판타지아〉는 많은 미덕을 갖춘 영화이다. 일본 나라현에서의 지원과 함께 한국 독립 영화계의 자랑인 장건재 감독과 일본 가와세 나오미 감독의 공동 프로젝트라는 것, 촬영감독 출신의 영화답게 나라현 고조시의 아름다운 풍광을 촘촘하게 기록하고 있다는 것, 그리고 합작 영화에서 주로 표출되는 강약의 조절의 미숙함이 성공적으로 이루어졌다는 것, 이를테면 김새벽, 이와세 료, 임형국 등 배우들의 호흡과 자연스러운 언어 연기는 탁월하다. 이 미덕들을 관통하는 것이 우리가 세상을 살면서 마주치게 되는 모든 것들을 지그시 바라보는 애정과 관용의 시선에 있다는 것이 아마도 이 영화의 가장 큰 성취일 것이다. 장건재 감독은 전작 〈회오리바람〉과 〈잠 못 드는 밤〉 등을 통해 꾸준히 우리의 일상을 응시해 왔다. 감독은 우리가 살면서 너무나 빈번하게 질문해 왔기에 이미 가벼워졌다고 착각하는 것들에 관객들을 마주하게 한다. 가쁜 호흡으로 읽혀지는 영화가 아닌데도, 영화의 마지막에는 항상 숨을 크게 몰아쉬게 된다.

독일의 철학자 발터 벤야민은 "이름 없는 사람들의 기억은 유명한 사람들의 기억보다 존중받기 어렵다. 하지만 역사의 구조는 이름 없는 자들의 기억에 바쳐진다."고 했다. 소망을 위한 기도, 사랑으로 가 닿지 못하는 수많은 마주침과 이별, 기쁨과 절망, 그리고 고요한 침묵, 이 모든 우리의 일상들이 대부분 존중받지 못하고 잊혀진다. 하지만 누군가는 이 설렘과 침묵에 이름을 붙인다. 현실에서 가려져 있는 우리, 그리고 그 우리를 길어 올리는 내밀한 고백… 그것이 영화다라고 이야기하는 감독… 천년 이천년 고조에서 만난 수많은 희로애락들이 역사의 그물에 촘촘히 얽힌다. 첫사랑 요시코와 벚꽃 우물, 그리고 혜정과 유스케의 키스에 이름을 부친다— 〈한여름의 판타지아〉.

유 지 선 _ program79alice@yahoo.com
인하대학교에서 일본문학을, 동국대학교 영상대학원에서 영화를 전공. 2003년 뜨거운 여름을 시작으로 부천국제판타스틱영화제에 몸담아왔으며, 현재 아시아담당 프로그래머로서 새로운 아시아장르영화의 발견과 진흥에 힘쓰고 있다. 공저로 『호러영화』(2013), 『SF영화』(2015)가 있다. 무엇보다도 가장 주목하는 것은 독립, 나아가 연대.

매드맥스: 분노의 도로

›››조지 밀러출연 감독

외국 영화

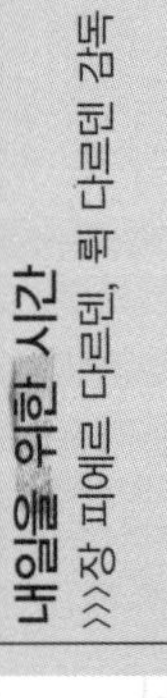

내일을 위한 시간

›››장 피에르 다르덴, 뤽 다르덴 감독

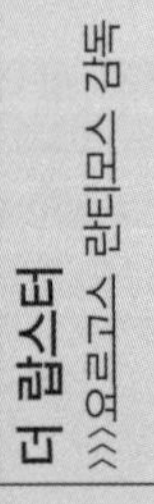

더 랍스터

›››요르고스 란티모스 감독

마션

›››리들리 스콧 감독

바닷마을 다이어리
>>>고레에다 히로카즈 감독

버드맨
>>>알레한드로 곤잘레스 감독

시카리오: 암살자의 도시 2015
>>>드니 빌뇌브 감독

위플래쉬 2014
>>>다미엔 차젤레 감독

이다
>>>파벨 포리코브스키 감독

인사이드아웃
>>>피트 닥터 감독

킹스맨: 시크릿 에이전트
>>>매튜 본 감독

매드맥스

감독/ 조지 밀러
출연/ 톰 하디, 샤를리즈 테론, 니콜라스 홀트
각본/ 조지 밀러, 닉 라소리스, 브렌단 맥카시
촬영/ 존 세일
음악/ 정키 XL
편집/ 제이슨 밸란틴, 마가렛 식셀

조지 밀러 감독

호주의 B급 액션 영화 시리즈로 출발한 '매드맥스 시리즈' 가 '분노의 도로' 란 부제를 달고 30여 년만에 귀환해 새로운 전설을 만들어 냈다. 이 작품은 2015년 5월 메르스 재난으로 극장가도 한산했던 한국에서 예외적 선풍을 불러일으킨데다, 세계적으로도 흥행 열풍과 비평적 성공을 동시에 거두며 탈주의 매혹을 발산한다. 특히 전형적인 액션 영화 시리즈의 캐릭터 구도를 벗어난 여전사의 전면화와 자유를 향한 연대감 넘치는 투쟁은 예상된 장르의 틀을 전복시키는 쾌거를 증명해 낸다.

— 본문 中

자유로운 해방의 연대로 달리는 탈주의 매혹

— 조지 밀러 감독 〈매드맥스: 분노의 도로〉

유지나

호주의 B급 액션 영화 시리즈로 출발한 '매드맥스 시리즈' 가 '분노의 도로' 란 부제를 달고 30여 년만에 귀환해 새로운 전설을 만들어 냈다. 이 작품은 2015년 5월 메르스 재난으로 극장가도 한산했던 한국에서 예외적 선풍을 불러일으킨데다, 세계적으로도 흥행 열풍과 비평적 성공을 동시에 거두며 탈주의 매혹을 발산한다. 특히 전형적인 액션 영화 시리즈의 캐릭터 구도를 벗어난 여전사의 전면화와 자유를 향한 연대감 넘치는 투쟁은 예상된 장르의 틀을 전복시키는 쾌거를 증명해 낸다.

이 작품의 플롯은 익숙하고 단순한 것이기도 하다. 그것은 여러 장르에서 반복되어 온 원형적인 '영웅의 여정' 이다. 조셉 캠벨이 그려냈듯이, 모험에의 소명을 가진 영웅의 '출발—(연속적 시련의) 입문—(새롭게 변형된) 귀환' 의 순환 구조가 여기에서도 그대로 적용된다. 〈브레이브 하트〉

나 〈글래디에이터〉 등 이런 플롯을 활용한 영화의 성공은 이미 지구촌 인류가 공감해 온 낯익은 이야기 원형 구조이기도 하다. 서부 영화 플롯의 아류처럼 보이는 '매드맥스' 시리즈란 틀에서 보더라도, 이런 구조는 예상된 것이다. 그런 익숙함에도 불구하고, 이 작품에서 조지 밀러가 구사하는 변형은 플롯의 밑그림과 캐릭터 차원에서 전작들의 틀을 넘어서 강렬하게 다가온다. 즉, 관객이 공명할 만한 종말론이 내포된 녹색 세상 갈망을 향한 직관력, 그리고 시리즈 주인공 맥스보다 더 주도적인 캐릭터로 퓨리오사를 전면에 배치한 전복적 선택이 그 원천이다.

영화 시작에서 보여주듯이, 맥스는 누런 사막, 핵전쟁으로 황폐해진 세상 벌판에 홀로 버려진 채 뇌까린다. "내 이름은 맥스. 세상은 불바다, 피바다 (…) 인류 자신에게 스스로 테러를 가하는 세상 (…) 누가 더 미친 건지 모르겠다. 나인지 이 세상인지….” 그의 독백은 〈매드맥스〉 캐릭터의 정체성과 그간 진행되어 온 이 시리즈의 연결고리를 활용하면서 이제부터 펼쳐질 스펙터클을 예고해 준다. 핵전쟁으로 멸망한 세상에 잔존하는 소수 인류에게 물은 부족하고, 기름으로 싸우는 아수라장이 배경이다. (놀랍게도 지금 이 글을 쓰는 현실 세상 한 구석, 유럽에서 시리즈처럼 벌어지는 테러 사태처럼) 인류가 스스로 테러하기에 이른 종말론적 세상으로부터 맥스는 탈주하여 구원자가 되어야 할 자신의 소명을 천명하는 셈이다. 핵전쟁 여파로 머리를 두 개 가진 도롱뇽이 돌연히 나와 맥스에게 잡혀 죽고, 어디선가 “당신, 어디 있어요?”라고 들려오는 소녀 목소리의 환청은 이후 맥스가 정신을 잃을 정도로 위기에 처한 상황에서 지속적으로 등장한다. 이 대목에서, “날 건드릴 수 없다. 오래 전 죽었으니까.”라는 그의 모순적 진술은 비장한 탈주와 결투에 입문하는 영웅의 각오이기도 하다. 아수라장 판인 사막을 뒤엎는 추격전과 액션으로 뒤범벅된 볼거리가 로커의 기타 연주를 대형 스피커로 작렬시키며 벌어지는 와중에 (어차피 추격전

액션 굉음들로 제대로 들리지도 않을 것이기에) 긴 대사가 필요하지 않은 이 영화에서 유독 강렬하고 긴 서두의 독백은 의미심장하다.

황폐화된 세상에 잔존하는 몇 개 부족 중 가장 끔찍한 것은 임모탄이 지배하는 시타델이다. 물과 기름을 독점하며 워보이들을 거느린 임모탄은 신령한 지배자로 초월적 권력을 보여준다. 임모탄이란 이름처럼 그는 죽지 않는 '불멸의 존재'[immortal]이자 천국인 발할라로 보내 줄 영생의 구원자로 악마적 독재자의 전형이다. 그의 눈길 하나에도 구원의 소망을 품는 워보이들, 그가 잠시 내려 주는 물벼락에 감사하는 노예 백성들은 피땀 어린 노동으로 시타델을 먹여 살리며 그를 믿고 따른다. 게다가 최고의 영양분인 우유를 공급하는 우유 어머니들도 즐비하며, 그의 정자를 받아 아들을 낳아야 하는 씨받이 아내들도 다섯 명 등장한다. 추격전에서 임모탄이 "스플렌디드, 그건 내 아이야. 내 소유물이야. That' s my child, my property." 라고 외치는 대목은 가족[family]의 개념이 한 집안에 속한 가축, 여성 등 노예 무리를 뜻하는 라틴어 '파밀리아familia' 로부터 유래했다는 점을 적나라하게 드러내 준다. 임모탄의 투구나 워보이의 분장, 특히 해골과 유사하게 눈 주위의 검은 칠 등등…. 시타델과 차량 곳곳에 배치된 해골 형상 상징 기호는 죽음의 의미 작용을 다양한 층위에서 보여준다. 그것은 죽음을 넘어선 구원의 존재자 임모탄의 대체물이자, 죽음을 감수하며 그에게 충성하는 워보이의 세뇌된 내면 풍경의 외면화이기도 하다.

홀로 탈주하여 복수하려던 맥스는 워보이의 피 주머니로 추락한다. 간신히 탈주한 맥스가 퓨리오사와 조우하면서 본격적인 탈주의 모험담이 전면화된다. 가까스로 생존한 맥스와 험난한 탈주에 들어선 퓨리오사와 그녀를 따르는 여성들의 격돌은 적대적 관계에서 협조 관계로 변이 생성

되면서, 탈주하는 주체로 거듭나는 연대감으로 이들을 한 팀으로 만들어 낸다.

임모탄까지 뛰어든 추격과 시련이 거듭되면서 사령관 퓨리오사가 명령에 거슬러 동쪽으로 탈주하는 이유가 명확해진다. 스페인어로 '분노한[Furiosa]' 이란 뜻의 이름처럼 그녀는 영화 부제의 열쇠 말인 '분노'를 상징하는 존재이다. 그녀는 그린란드에서 어린 시절 납치돼 전사로 키워졌지만, 자신이 물건[thing]이 아니란 점을 인식했기에 자유를 찾아 나선 여성들을 인도하며 투쟁하는 소명을 가진 영웅으로 변신한 것이다. 그녀가 벌이는 분노의 액션의 질과 강도는 영화의 볼거리 핵심인 액션 장면의 중심을 차지한다. 때론 한쪽 팔이 없는 상태로, 때론 의수를 걸친 채로 벌이는 일대 일 육탄전, 차가 뒤집히는 격추 장면, 총격전 등등… 다양하게 구사되는 그녀의 액션은 기존의 여전사 개념을 한 단계 끌어올릴 만큼 강렬하다.

이런 하드보일드 액션 이면에는 성찰적인 인류사 속에 희망의 미래상도 존재한다. 그녀가 돌아가는 그린란드는 할머니들의 연대로 지속되는 또 다른 공동체 세상이다. 퓨리오사의 어린 시절 기억과 달리 그곳도 황폐한 사막이 되었다. 이상과 현실의 빗나감을 목격한 퓨리오사는 사막에 거꾸러지듯 주저앉아 포효하듯 절규하며 좌절한다. 이 장면은 그 직전까지 벌어진 강렬한 소리와 운동감 넘치는 이미지와 극적인 대조를 이루며 적막한 누런 사막에 던져진 그녀의 내면 풍경을 장렬하게 외면화한다.

희망이 절망으로 변하고, 소금 사막에서 강행군하는 시련의 극단에서 반전이 일어난다. 물과 흙, 식물이 있다는 이유로 절망적인 시타델이 희망의 공간으로 반전되었기 때문이다. 이들과 귀환 동행을 거절했던 맥스는 "당신은 어디 있냐."고 묻는 환청에 환영까지 경험하면서 방향을 바꾼다. 뒤늦게 이들을 따라잡은 맥스는 이제 시타델로 가장 신속하게 가는 길을

전략적으로 제시하는데, 그것은 막 통과해 온 협곡으로 되돌아가는 전술적 귀환의 여정이다. 그것을 들뢰즈식으로 보면, 탈영토화의 재영토화인 셈이다. 즉, 탈영토화 여정이었던 탈주는 이제 억압의 원천을 해방의 공간으로 전복시키는 재영토화의 여정으로 변이 생성된 것이다.

어린 워보이들과 민중들은 퓨리오사의 귀환을 축하하며, 스스로 변이 생성된다. 서로 손을 끌어 주며 승강기에 오르고, 워보이들은 물을 내려준다. 굶주린 모든 이들이 연대하며 나누는 물은 억압의 왕국을 공존의 해방구로 변화시킨다. 죽음의 위기를 넘기며 살아남아 소명을 달성한 퓨리오사는 한쪽 팔의 부재에 덧붙여 이젠 한쪽 눈조차 뜨지 못하는 상처투성이가 되었다. 더욱 상처 입은 몸으로 그녀는 시련을 통과한 진정한 영웅의 귀환을 보여준다. 마지막 장면에서 그녀는 민중들 속에서 홀로 떠나는 맥스와 작별 인사를 나눈다. 시선을 나누며 가벼운 고갯짓으로 목표 달성의 승리를 나누는 이 장면은 로맨스 관계가 아닌 두 남녀의 또 다른 관계, 더욱 상승된 연대 관계의 묘미를 보여준다. "이런 황무지를 방황하는 우리, 그런 우리가 더 나은 자신을 찾기 위해 가야 할 곳은 어디인가?" 라는 에필로그는 맥스의 프롤로그처럼 선언적이며 예시적이다. 아울러 황무지로 노마드 여정을 떠나는 이 시리즈의 5편을 예고하는 기능도 달성하면서…

팁: '매드맥스 시리즈' 1, 2, 3편과 4편 사이에 조지 밀러가 연출한 〈로렌조 오일〉, 〈꼬마돼지 베이브〉 등을 따라가노라면, 영화 세상과 현실 세상을 접속시키는 그의 열린 변이 생성 기질을 발견하게 된다. 영화 세상 풍경 만들기 컨설팅에 참여한 이브 앤슬러와 조지 밀러의 연대감이 달성한 탈주의 매혹인 셈이다.

유 지 나 _ ginarain8@gmail.com

영화 평론가. 파리7대학 기호학과 문학박사(영화기호학). 저서로 『유지나의 여성영화산책』 『한국영화, 섹슈얼리티를 만나다』(공저) 등이 있음. 동국대학교 영화영상학과 교수.

다르덴 형제 감독

내일을 위한 시간

감독/ 장 피에르 다르덴, 뤽 다르덴
출연/ 마리옹 꼬띠아르,
피브리지오 롱기온, 올리비에 구르
캐서린 살레
각본/ 장 피에르 다르덴, 뤽 다르덴
촬영/ 알랭 마르코엔
음향/ 브누아 드 클레르크
편집/ 마리-멜렌 도조

다르덴 형제는 특정 형식에 얽매이지 않고 지금 필요한 최적의 형식을 찾아 신중하게 걸음을 떼는 중이다. 그 걸음이 산드라의 지쳤지만 단호한 걸음걸이와 닮아 몹시 미덥다. 내가 다르덴의 변화를 긍정하는 이유가 여기에 있다. 〈내일을 위한 시간〉은 그들의 이야기가 아니라 나의, 우리의 이야기다. 노동자를 기득권으로 매도하는, 실로 비이성적인 현실 속을 살아가는 2016년의 대한민국엔 이런 영화가 좀 더 필요하다.

— 본문 中

당신은 아직 선택할 수 있다

다르덴 형제의 지지하고 싶은 변화

— 다르덴 형제 감독 〈내일을 위한 시간〉

송경원

2000년 초중반 카메라를 흔들림을 그대로 전하는 핸드헬드 기법이 독립 영화계에 유행처럼 번진 시기가 있었다. 다르덴 형제(장 피에르 다르덴, 뤽 다르덴)의 인장처럼 받아들여진 이 촬영 방식은 인물의 뒤에 붙어 이야기로서의 사건 대신 사건 주위의 풍경을 체험시킨다. 저예산 영화와 딱 맞아떨어지는 촬영 조건도 한몫했겠지만 무엇보다 흔들리는 화면이 주는 사실감은 영화 학도들에게 어지간히 강렬한 경험이었을 것이다. 나 역시 다르덴 형제의 〈로제타〉(1999)를 처음 접했을 땐 현기증이 날만큼 묵직한 사실감에 잠시 먹먹해졌던 사람 중 하나다.

이후 〈아들〉(2002), 〈더 차일드〉(2005), 〈로나의 침묵〉(2008)까지 다르덴 형제의 영화들은 공개될 때마다 찬사와 사랑을 받았지만 한편으론 조금씩 활력이 줄어들고 있다는 볼멘소리를 듣기도 했다. 여러 이유가 있겠

지만 당시엔 충격이라 해도 좋을 핸드헬드 기법이 이젠 익숙해진 탓도 있을 것이다. 다르덴 형제의 신작 〈내일을 위한 시간〉을 접했을 때 한동안 잊고 있던 그 날카로운 감각이 되살아나는 걸 느꼈다. 유럽 사회의 일면을 포착하는 통찰력은 말할 것도 없고, 영화를 향한 다르덴 형제의 태도는 여전히 진귀하다. 사회적 리얼리즘, 절충적 형식주의, 파열음을 내는 카메라, 뭐라 부르건 상관없다. 다르덴 형제는 그저 다르덴 형제다. 핸드헬드 기법이 오직 다르덴만의 독창적인 방식은 아니지만 〈로제타〉에서 선보인 핸드헬드는 유일하다. 사회의 무관심 속에 방치된 변두리 사람들, 알코올 중독자 어머니와 싸우면서 가장 노릇을 해야 하는 소녀의 뒷모습을 찍을 때 그것은 형식과 메시지의 완벽한 하모니를 이루기 때문이다. 〈내일을 위한 시간〉의 카메라도 마찬가지다.

다르덴은 멈추지 않는다

그간 다르덴 형제의 서사는 이야기로서의 완결성을 추구하지 않았다. 오늘을 버티고 살아가는 소외되고 우울한 이들의 긴 일상 중에서 특정 부분을 뚝 잘라 내어 대뜸 내민다. 이전 상황에 대한 설명도, 앞으로 펼쳐질

일에 대한 낙관도 없다. 관객은 한정된 정보의 조합으로 상황을 유추해야만 한다. 그것은 주어진 퍼즐은 조각난 몽타주가 아니라 그것이 거기에 있다는 사진적 진실을 바탕으로 한 '현재'다. 다르덴 형제는 말, 대사, 스토리로 상황을 설명하는 대신 카메라를 통해 (유럽의) 현재를 이해하도록 그저 보여준다. 관객은 카메라라는 이름의 작은 사각 구멍을 통해 사실로서의 영상을 목격한다. 철저한 계산 하에 재현된 카메라의 움직임과 인물의 동선, 롱 테이크의 화면은 오직 그것을 위함이다. 인물의 어깨 위에서 공간을 훑는 카메라를 통해 눈앞의 사건이 아니라 사건 주변을 둘러싼 구조, 그러니까 시스템의 문제를 더듬는 것이다.

〈내일을 위한 시간〉이 제시하는 '오늘의 문제'는 개인에게 책임을 전가하고 윤리적 선택을 강요하는, 자본이라는 이름의 비틀린 시스템이다. 태양열 판 제조 회사를 다니는 산드라(마리옹 코티야르)는 우울증으로 병가 중이다. 그런데 회사로 복귀하려고 보니 상황이 바뀌어 있다. 쉬는 사이 그녀의 업무는 다른 직원들이 나누어 처리하고 있었고 회사는 한 번 줄어든 인력을 다시 늘리고 싶어 하지 않는다. 산드라의 복귀 대신 그녀의 몫보다 조금 못한 금액을 나머지 직원들에게 보너스로 제시하며 해고를 위한 투표까지 진행하는 것이다. 사측의 압력으로 첫 번째 투표 결과가 보너스를 받는 쪽으로 나온다. 하지만 일부 직원들의 반발로 다행히 두 번째 투표 기회가 주어지고, 산드라는 주말 동안 몇몇 동료의 도움을 받아 다른 사람들을 설득하기 위해 일일이 직장 동료들의 집을 방문한다.

"지난 10년간의 경제 위기로 소외된 사람들의 사연을 다루고자 했다"는 다르덴 형제의 말처럼 〈내일을 위한 시간〉은 비단 유럽의 오늘만이 아니라 세계의 오늘, 우리의 오늘을 이야기한다. 거시적으로 본다면 국경을 넘어 세상을 잠식해 가는 자본주의 민낯을 직시하는 영화다. 다만 선한 사람과 악한 사람, 사측과 노동자의 단순한 대결 구도로 끌고 가지 않는다. 대신 절박한 상황에 처한 산드라의 비틀거리는 걸음걸이와 그녀가 마주하는 동료들의 얼굴을 통해 이 사태가 얼마나 끔찍하고 폭력적인지 드러낸다. 영화 바깥에 있는 우리는 조금씩 양보해서 동료를 살려주는 게 옳은 일이라 쉽게 말할 수 있다. 하지만 다른 직원들도 당장 한푼이 아쉬운 처지다. 보너스 1천 유로는 누군가에는 그저 1천 유로지만 어떤 이에게는 자식의 학자금이고 다른 사람에게는 가족의 약값이다. 약자가 약자를 밀어낼 수밖에 없도록 유도하는 신자유주의의 무한 경쟁 앞에서 섣불리 개인의 윤리를 외칠 수는 없다. 그조차 또 다른 폭력이자 강요가 될지도 모르기 때문이다. 이 영화의 딜레마는 개인의 윤리적 판단에 있지 않다. 시스템이 다수결 등 민주적 방식을 위장해 개인을 얼마나 하찮은 존재로 내몰 수 있

는지를 투명하게 보여준다는 게 영화의 핵심이다.

우울과 피로, 양자택일의 함정을 넘어선 진짜 선택

어떤 경우 자유의지는 일종의 환상에 불과할 수도 있다. 우리는 스스로 선택할 수 있고 이에 책임을 져야 한다고 믿지만 종종 양자택일의 선택은 우리를 함정에 빠트린다. 영화 속 공장 노동자들은 얼핏 산드라의 복직과 보너스 사이 윤리적 선택을 하는 것처럼 보이지만 실상 그들에겐 처음부터 선택지 따윈 없었다. 신자유주의라는 통제되지 않는 자본의 욕망이 이 모든 상황을 제어할 뿐이다. 다르덴 형제가 애써 드러내려는 지점도 여기에 있다. 이전 작품들에서 한 인물의 뒤를 철저히 따르던 다르덴의 카메라는 이제 산드라가 만나는 12명의 동료들의 반응들에 좀 더 신경을 기울인다. 동료들의 집을 방문해 읍소해야 하는 산드라의 지친 발걸음만큼 중요

한 건 그녀를 바라보는 동료들의 각양각색의 반응들이다. 종전까지 다르덴의 카메라가 현실의 특정 단면을 고스란히 잘라 내어 재현하는 데 집중했다면 이번에는 좀 더 다양한 일면들을 구성하기 위해 애쓴다. 눈앞의 현실과 당장의 밥벌이에 쫓겨 큰 그림을 볼 틈이 없는 관객들에게 현실을 더 듬어 볼 수 있는 기회를 제공하는 것이다. 신자유주의 하에 생존 중인 우리들의 얼굴이라 해도 좋겠다.

〈내일을 위한 시간〉은 다르덴 형제의 어떤 영화보다 명료하게 정해진 결과를 향해 달려간다. 일부에서는 이런 방식 때문에 인물과 카메라 사이에 존재했던 치열한 긴장감이 다소 옅어졌다고도 평가한다. 서사에 포섭되지 않았던 다르덴의 화술이 이번에는 이야기 구성 쪽으로 지나치게 기운 게 아니냐는 것이다. 순수하게 영화 연출의 차원에서 접근하자면 정당한 지적이다. 하지만 나는 비슷한 듯 조금 달라진 다르덴의 이번 변화가 반드시 필요했던 선택이라 생각한다. 이 영화는 작은 시골 마을에서 일어

난 부조리를 관찰한다. 동시에 오늘날 전 세계 동시다발적으로 일어나고 있는 자본주의의 망가진 시스템을 고발한다. 사건만 놓고 보자면 국지적이고 제한적인 관찰이지만 한편으론 큰 그림을 바라보기 위해 정교하게 구성된 일종의 우화이기도 한 셈이다. 그 주제적인 측면만으로도 지금 우리에게 필요한 이야기다. 적어도 이 주제에 관한 한, 관찰과 고발에 머물지 않고 힘 있게 호소하는 목적론적인 연출과 구성이 필요했다고 본다.

다르덴 형제는 특정 형식에 얽매이지 않고 지금 필요한 최적의 형식을 찾아 신중하게 걸음을 떼는 중이다. 그 걸음이 산드라의 지쳤지만 단호한 걸음걸이와 닮아 몹시 미덥다. 내가 다르덴의 변화를 긍정하는 이유가 여기에 있다. 〈내일을 위한 시간〉은 그들의 이야기가 아니라 나의, 우리의 이야기다. 노동자를 기득권으로 매도하는, 실로 비이성적인 현실 속을 살아가는 2016년의 대한민국엔 이런 영화가 좀 더 필요하다. 최후의 순간 산드라는 양자택일의 함정을 거부하고 제3의 길로 나아간다. 자본의 제어되지 않는 욕망에 밀려 점점 설 자리를 잃어 가는 평범한 사람들이 인간다움과 존엄을 지킬 수 있는 최후의 길. 물론 그 길을 선택한다는 건 몹시도 두렵고 어려운 일이다. 불행 중 다행은 당신에게도 아직 그 길을 선택할 기회가 남아 있다는 거다. 그것이야말로 이 영화가 우리에게 주는 가장 강력한 위안이자 함께 사는 세상을 향한 희망이다.

송 경 원 _ sokimera@naver.com

《씨네21》 기자. 영화평론가. 2009년 《씨네21》 영화평론상 수상, 동국대 영상대학원 영화이론 박사과정 수료. 부산일보 영화상, 부천국제영화제, 서울국제애니메이션영화제 등의 여러 영화제의 심사위원을 맡았음. 인디다큐페스티발 프로그래머. 영화 뿐 아니라 게임, 애니메이션 등 영상문화 전반에 대해 비평 활동.

요르고스 란티모스 감독

더 랍스터

감독/ 요르고스 란티모스
출연/ 콜린 파렐, 레이첼 와이즈, 레아 세이두, 벤 위쇼
각본/ 요르고스 란티모스, 에프티미스 필리포우
미술/ 재클린 에이브러햄스
편집/ 요고스 마브롭사리디스

〈더 랍스터〉는 기괴하고 무서운 이야기(또는 황당하고 이상한 이야기)를 하는 것 같지만 결국은 우리가 너무도 잘 알고 있는 보편적인 이야기를 하고 있다. 단지 설정을 현실과는 다르게 했을 뿐이다. 때문에 나는 이 영화가 사랑이라는 보편적인 소재를 특수한 공간에서 매우 특이하게 다루는 영화, 그러니까 보편적 소재를 특수한 방식으로 그린 영화라고 생각한다. 새롭지만 익숙한 이야기. 이 영화가 세간의 주목을 받은 것도 이 때문(일 것)이다.

— 본문 中

보편성과 특수성 사이의 기발한 상상

— 요르고스 란티모스 감독 <더 랍스터>

강성률

장르 이론가 배리 랭포드는 멜로드라마는 하나의 장르가 아니라 "미국 영화 전반의 장르 시스템 이전이자 너머이며 동시에 그 모두"라고 말했다. 린다 윌리엄스 역시 "멜로드라마는 미국 대중 영화의 기본 양식"이라고 했다. 이들의 진술에서 내가 눈여겨본 것은 멜로드라마를 여성 영화, 가족 멜로드라마로 세분해서 이 말의 진위를 따지는 것이 아니다. '양식으로서의 멜로드라마'와 '장르로서의 멜로드라마'를 구분하려는 것도 아니다. 단지 멜로드라마가 장르 이전에 존재하는, 즉 모든 장르에 기본적으로 포함되어 있는 어떤 정서가 아닐까, 라는 주장이었다.

생각해 보라. 세상의 그 많은 장르 가운데 멜로적 정서를 내장하고 있지 않은 장르가 존재하는가? 멜로 정서를 전면적으로 내세우지 않았을 뿐이지, 대부분의 장르는 멜로 정서를 지니고 있다. 물론 그것이 강한 것일 수도 약한 것일 수도 있지만, 기본적으로 연인과 가족의 정서에 바탕을 둔

멜로적 코드는 대부분의 영화에 존재한다. 그러므로 멜로드라마가 장르 이전에 존재한다거나 미국 대중 영화의 기본 양식이라는 말에 동의하지 않을 수 없다. 정말 우리는 멜로적 정서에 포획되어 있는 것이다.

그렇다면 물어야 한다. 세상의 그 무엇이 우리를 멜로적 정서에 가두고 있느냐고? 생각해 보면, 그 답은 그리 어렵지 않다. 남녀 간의 사랑만큼 인간이 갈구하는 것도 없기 때문이다. 게다가 영화는 태생적으로 낭만적 정서를 품고 있지 않은가? 정말로 어려운 것은 남녀 간의 멜로적 정서를 영화 속에 '익숙하면서도' '새롭게' 담아내는 방법일 것이다. 여기서 필연적으로 역설이 발생한다. 어떻게 익숙한 이야기를 새롭게 담을 수 있을 것인가? 그러나 이것은 현실이다. 세상의 모든 멜로드라마가 다루는 그 흔하

디흔한 사랑을, 새로우면서도 보편적으로 다루는 것이야말로 모든 창작자의 숙제인지도 모른다. 사랑 이야기에 익숙해진 관객들은 새로운 사랑 이야기를 요구한다. 그러나 그런 사랑 이야기도 결국 사랑의 아름다움을 이야기해야 하는 함정에 필연적으로 빠진다. 이 역설을 효과적으로 이용하면서 벗어나기.

새로움이 영화 평가의 기준이 될 수 있다면, 〈더 랍스터〉는 분명 좋은 영화이다. 기존의 사랑 이야기와는 전혀 다른 발상으로 영화는 시작된다. 때문에 처음에는 영화적 설정을 받아들이기 바쁘다. 영화적 설정은 대략 이렇다. 주인공이 살아가는 세상은 '커플들 세상' 이다. 커플이 되지 못하면 사회에서 추방되어 커플 메이킹 호텔에 머물러야 한다. 솔로인 남녀들이 머무는 풍경 좋은 그곳에서 커플이 되기 위한 교육을 받고도 45일 동안 커플이 되지 못하면 자신이 선택한 동물이 되어 숲속에 버려지게 된다. 이게 도무지 말이 되는가? 세상이 어떻게 '커플 천국', '솔로 지옥'의 이분법적 세상이 될 수 있겠는가? 더구나 인간이 어떻게 동물이 될 수 있겠는가? 그러나 감독은 시치미 뚝 떼고 그게 가까운 미래의 어느 날이라며 이야기를 진행한다.

단지 근시라는 이유 때문에 부인에게 버림받아 커플 메이킹 호텔에 오게 된 데이비드는 그곳에서도 쉽게 새로운 짝을 찾지 못한다. 영화의 잔재미는 이 부분에서 발생한다. 기상천외한 상황들이 이어진다. 아침마다 여성 도우미가 남성의 사타구니에 앉아 자극을 한다거나, 절대 자위를 하면 안 된다거나, 솔로보다 커플이 좋은 이유를 꽤나 유치한 사례를 들어 설명한다거나, 결국 커플이 되지 못해 동물이 되었을 때 어떤 동물이 될 것인지 진지하게 토론하는 대목을 보면 입가에 웃음을 띠지 않을 수 없다. 솔로라서 개가 되어 버린 형과 함께 입소한 데이비드의 모습을 보면 곧 그도, 그가 원하는 랍스터가 될 것 같다는 불길한 생각이 든다. 이 이상하고 초현실적인 공간의 아우라는 보는 이에게 심각한 걱정을 안겨 주는 것이 아니라 실없는 웃음을 선사한다. 어차피 이 현실을 관객은 현실로 받아들이지 않고 초현실로 인식해 현실과 괴리시켜 버리기 때문에 발생하는 효과이다.

그러나 호텔의 상황은 오래 지속되지 않는다. 자신의 이상향은 아니지만 단지 동물이 되지 않기 위해 짝을 맺었던 데이비드는 그녀를 버리고 숲으로 도망치고 만다. 여기서 아이러니가 발생한다. 그가 도망간 곳은 솔로들의 세상이다. 커플이 되면 안 되는 곳. 당연히 연애는 금지되어 있다. 그런데 이게 웬일인가? 그곳에서 데이비드는 자신처럼 근시를 가진 짝을 만나 운명처럼 사랑에 빠진다. 사랑해야 할 곳에서는 사랑하지 못하고, (그 곳에서 목숨을 걸고 도망쳐 나왔더니) 사랑하면 안 되는 곳에서는 진정한 사랑을 만났다. 이제 그들은 주위의 눈을 피해 그들만의 수화를 만들고 수시로 사랑을 나누지만 발각되고(?) 만다.

영화에서 보는 이를 가장 크게 놀라게 한 것은 마지막 장면일 것이다. '솔로 세상' 에서 '커플 사회' 로 도망쳐 나온 이들에게는 문제가 발생했다. 솔로 세상의 우두머리가 데이비드의 짝에게 벌로 눈을 멀게 만들어 버린 것. 커플 세상에 나온 데이비드는 자신도 눈을 찔려 장님이 되려 한다. 눈이 멀어지면 다른 감각이 살아난다고 그의 짝도 위로를 한다. 영화는 눈을 찌르는 데이비드를 보여주면서 끝을 맺는다. 당연히 의문이 인다. 데이비드는 그녀를 그토록 사랑한 것일까? 물론 그럴 수도 있을 것이다. 그러니 목숨을 걸고 사랑을 하고 도망을 온 것이 아니겠는가. 최근 작고한 신영복은 "돕는다는 것은 우산을 들어주는 것이 아니라 함께 비를 맞는 것입

니다."라며 특유의 글씨체로 적었는데, 이 영화의 엔딩에도 맞는 문장 같다. 진정으로 사랑한다면 동정하고 도와주는 것이 아니라 같은 처지가 되어야 한다.

이렇게 보면 〈더 랍스터〉는 기괴하고 무서운 이야기(또는 황당하고 이상한 이야기)를 하는 것 같지만 결국은 우리가 너무도 잘 알고 있는 보편적인 이야기를 하고 있다. 단지 설정을 현실과는 다르게 했을 뿐이다. 때문에 나는 이 영화가 사랑이라는 보편적인 소재를 특수한 공간에서 매우 특이하게 다루는 영화, 그러니까 보편적 소재를 특수한 방식으로 그린 영화라고 생각한다. 새롭지만 익숙한 이야기. 이 영화가 세간의 주목을 받은 것도 이 때문(일 것)이다. 재현에서 매우 특이한 방식을 활용한 이 영화를 나는 '환상 영화'라고 생각한다. 보르헤스의 환상 소설과 같은 의미의 환상 영화라고 칭하고 싶은 것이다. 단지 특수한 설정만 현실과 전혀 다르게

구성해 놓았을 따름이지, 나머지는 우리의 현실, 일상과 전혀 다르지 않다. 커플이 되어야만 세상에서 살아갈 수 있고, 솔로가 되면 동물이 되어 추방된다는 설정만 다를 뿐이고, 사랑이라는 보편적인 정서의 소중함과 아름다움, 위대함을 다루는 것은 같다.

여기서 기억해야 할 것이 있다. 환상 영화는 단지 판타지를 다룬 영화가 아니라는 것이다. 환상 영화는 우리가 사는 세상을 보여주지만, 다만 우리가 전혀 생각하지 못한 어떤 틈을 열고 들어가 초현실적인 세상으로 우리는 안내할 따름인데, 그 초현실적인 세상에서 일상으로 설정되는 초현실을 보면서 지금의 우리 모습을 돌아보게 만든다. 문학 이론가이자 구조주의자인 토도로프는 "초자연적인 모습의 사건 앞에서, 자연적인 이치만을 아는 이들이 망설이는 것, 그것이 환상 장르"라고 말했다. 그렇다. 환상 영화는 현실과는 다른 이치가 통용되는 세상 앞에서 우리를 망설이게 만든다. 이 망설임은 초현실적인 세상으로 깊이 들어가지 못하고, 다시 현실

세상을 돌아보게 만드는 힘을 지닌다. 이를 역으로 해석하면 환상 영화는 우리가 속한 세계에서 살고 있는 우리의 모습 그 자체를 특이한 방식으로 보여주고 싶어 한다. 카프카의 소설처럼, 어느 날 갑자기 벌레가 된 사람을 통해 벌레의 세상을 보려는 것이 아니라 우리 인간의 세상을 다른 시선으로 바라보려 한다. 환상은 실제 현실에서 일어날 수 있는 특정 사건의 과장되거나 상징적인 것으로 해석할 수 있는 것도 이 때문이다.

그렇다면 〈더 랍스터〉는 왜 이런 황당한 이야기를 하고 있는 것일까? 큰 흥행은 아니지만 이곳에서 이 영화가 나름 선전한 것은 또 무엇을 의미하는 것일까? 결혼, 취업, 출산을 포기한 3포 세대가 이 영화를 보면서 무슨 생각을 했을지 무엇보다 궁금하다. 사랑하지만 결혼할 수 없는 현실에 대한 비판이었을까, 아니면 여전히 위대한 힘을 지닌 사랑의 확인이었을까? 현실이 그 무엇이든 세상은 점점 솔로의 시대로 가고 있다.

강 성 률 _ rosebud70@hanmail.net

영화평론가, 광운대 동북아문화산업학부 교수, 문화산업연구소 소장. 저서로는 『하길종 혹은 행진했던 영화바보』 『영화는 역사다』 『친일영화의 해부학』 『감독들 12』 『은막에 새겨진 삶, 영화』 『한국의 영화감독 4인을 말하다 - 김지운, 임상수, 민병훈, 최동훈』 등이 있음.

리들리 스콧 감독

마션

감독/ 리들리 스콧
출연/ 맷 데이먼, 제시카 차스테인, 세바스찬 스탠, 제프 다니엘스, 케이트 마라, 크리스틴 위그
각본/ 드류 고다드
원작/ 앤디 위어
촬영/ 다리우스 월스키
음악/ 해리 그렉슨 윌리엄스
편집/ 피에트로 스카리아

반면 앤디 위어의 동명 소설을 기반으로 한 영화 〈마션The Martian〉(2015, 리들리 스콧 감독)은 우주에서의 재난을 묘사한 다른 영화들에서 볼 수 없는 독특한 분위기를 가진 감동적인 드라마이다. 〈마션〉의 특이한 분위기를 형성하는 것은 러닝 타임의 거의 절반을 일인극으로 이끌어 가는 주인공 마크 와트니(맷 데이먼)의 놀라울 만큼 낙천적인 캐릭터와 천재들의 팀워크이다. 〈마션〉의 서사를 진행시키는 구심점은 과학기술에 대한 신뢰이며, 합리적이고도 인간적인 시스템이 이루어 내는 기적이 관객들을 몰입하게 한다.

— 본문 中

과학기술에서 인간의 얼굴을 느끼다

— 리들리 스콧 감독 〈마션〉

이채원

우주, 가장 영화적인 소재

우주는 인류에게 호기심과 동경과 두려움의 대상이다. 오랫동안 인류는 미지의 세계인 우주를 탐사해 왔다. 영화 매체의 기술과 상상력은 우주의 모습을 다양하게 형상화하며 인류의 노력을 점점 더 정교하게 스크린에 재현한다. 최근 3년 동안 거장들이 스펙터클로 완성한 우주는 시간과 공간, 인간 존재의 근원적 고독과 삶에 대한 열망, 그리고 휴머니티를 온몸의 감각으로 체험하는 가상 현실이다. 알폰소 쿠아론 감독의 〈그래비티Gravity〉(2013)는 먹먹할 정도로 거대하게 다가오는 우주 공간의 적막과 고독을 묘사하는 과정에서 테크놀로지의 절정을 보여주었고, 크리스토퍼 놀란 감독의 〈인터스텔라Interstellar〉(2014)는 가족애와 인류 구원이라는 동기에서 시작된 우주 여행에서 공간과 시간의 본질을 파고드는 물리학의 향연을 펼친다. 반면 앤디 위어의 동명 소설을 기반으로 한 영화 〈마션The

Martian〉(2015, 리들리 스콧 감독)은 우주에서의 재난을 묘사한 다른 영화들에서 볼 수 없는 독특한 분위기를 가진 감동적인 드라마이다. 〈마션〉의 특이한 분위기를 형성하는 것은 러닝 타임의 거의 절반을 일인극으로 이끌어 가는 주인공 마크 와트니(맷 데이먼)의 놀라울 만큼 낙천적인 캐릭터와 천재들의 팀워크이다. 〈마션〉의 서사를 진행시키는 구심점은 과학기술에 대한 신뢰이며, 합리적이고도 인간적인 시스템이 이루어 내는 기적이 관객들을 몰입하게 한다.

화성에서도 매력적인 지구인

화성 탐사선 '아레스3'의 대원들은 화성 탐사 도중 모래 폭풍을 만난다. 사고를 당한 마크 와트니에게서 생체 반응을 느낄 수 없자 대원들은 그가 죽은 줄 알고 화성을 떠난다. 와트니는 극적으로 살아났고 자신의 상황을

냉정하게 파악한다. 어떻게든 미국항공우주국NASA에 자신의 생존 사실을 알려야 하고, 나사에서 구조대를 파견해도 화성까지는 4년의 시간이 걸리므로 그때까지 스스로 생존해야 한다. 그가 생존하는 데 결정적인 역할을 한 것은 그의 지식과 낙천성이다. 와트니는 1997년에 미국에서 발사한 화성 탐사선 패스파인더를 찾아 나사와 교신에 성공한다. 태양 패널들을 연결시켜 충전지를 만들고, 방사능 플루토늄을 이용하여 혹독한 추위를 견딘다. 또한 산소와 수소를 결합시킨 후 불을 붙이는 방식으로 물을 만들어 감자를 재배하는 데 성공한다. 이러한 일련의 과정들 속에서 와트니는 의기소침해지지 않는다. 화성에 홀로 남겨진 것을 인식한 순간 아주 잠시 망연자실했던 와트니는 곧 "난 여기서 죽지 않아."라는 독백을 발화한다. 그리고 살아남기 위해 당면한 문제들을 하나하나 해결해 간다. 그 과정에서 그가 보여준 유머 감각은 관객까지 유쾌하게 만들고 삶에 필요한 것이 무

엇인지를 느끼게 한다.

그에게도 물론 좌절의 순간은 있었다. 급격한 수소와 산소의 결합으로 폭발이 일어나 감자밭을 잃고, 나사에서 보낸 보급품을 실은 로켓은 발사 직후에 폭발한다. 와트니는 그가 죽을 수도 있다는 사실을 잘 알고 있다. 그렇기에 지휘관인 루이스 대장(제시카 차스테인)에게 보낸 메시지에서 자신이 죽는다면 자신의 부모님에게 "나의 일을 사랑했고, 나 자신보다 아름답고 위대한 것을 위해 죽었다."고 전해 달라고 말한다. 그러나 곧 이어서 그는 매일 저녁 화성의 지평선을 바라보고 있다고 덧붙인다. "그렇게 할 수 있으니까요."라는 보이스 오버 내레이션과 함께 화면 가득히 화성의 지평선이 펼쳐진다.

요르단의 와디럼 사막에서 촬영된 화성의 지평선을 바라보는 와트니의 모습도 카메라에 조명된다. 몽환적이고 아름다운 배경 속에 홀로 앉아 있

는 인물의 시점 쇼트만으로도 그의 심경이 응축되어 전달되며 살아 있음이 처연할 정도로 아름다운 것임을 느끼게 하는 압도적인 장면이다. 적어도 그 순간 와트니는 분명 살아 있고 화성의 지평선을 바라보는 일은 와트니가 할 수 있는 일인 동시에 그만이 할 수 있는 일임을 와트니도 관객도 느끼게 된다. 죽을 수도 있다는 것을 부정하지 않으면서 집으로 돌아가기 위한 노력을 포기하지 않는 와트니의 의연한 모습은 인간이 얼마나 강하고 아름다운 존재일 수 있는지 보여주고, 감탄할 만큼 뛰어난 낙천성의 근원이 무엇인지 질문하게 한다. 그 근원에는 동료애와, 나사의 집단 지성이 보여준 과학기술의 힘과 합리적인 시스템 그리고 자국민을 버리지 않는 미국의 자존심이 있었다.

부러운 집단 지성과 합리적인 시스템

우주선 헤르메스호에 승선한 채 임무를 마치고 지구로 귀환을 앞두고 있던 동료들은 와트니를 구조하기 위해 항로를 변경하기로 한다. 헤르메스호가 지구의 중력을 이용하여 가속하면서 방향을 바꿔 화성으로 향하는 방식은 실제로 우주 탐사선들이 사용하는 방법이다. 주도면밀한 계획을 세웠지만 여러 단계 중 한 가지만 어긋나도 대원들이 모두 죽을 수 있다. 책임감과 냉철함과 인간미가 어우러져 신뢰할 수 있는 리더의 전형을 보여주는 총지휘관 루이스 대장은, 나사의 반대와 상관없이 대원들에게 결정을 맡긴다. 그들이 만장일치로 와트니의 구조를 결정하는 데에는 오랜 시간이 걸리지 않았다. 위험을 무릅쓴 결정이지만 도박은 아니다. 그들이 와트니에게 향할 경우 모두 죽을 수 있는 확률도 작지 않지만 그들이 와트니에게 가지 않는다면 와트니는 백퍼센트 죽을 수밖에 없다. 대원들이 결단하고 행동에 옮기자 헤르메스호의 항로 변경을 허락하지 않았던 나사도 그들을 지원하기에 이른다. 한 사람을 구하기 위해 여러 사람이 위험을 감수하고 천문학적인 비용을 지불하며 사회 시스템의 구성원 전체가 한 마음이 되어 구조를 기원하고 결국 성공하는 장면은 감동적이며 부러운 광경이고, 화성에서 감자 재배에 성공한 것보다 더 판타지처럼 느껴지는 지점이다. 현재 대한민국의 사회 시스템은 한 사람의 생명을 그다지 소중하게 여기지 않는다는 인식 때문일 것이다. 심지어 무책임한 선동적 명분으로 소수의 희생을 강요하기 때문일 것이다. 대한민국의 리더도, 관료들도, 전문가 집단도 자국민을 지켜 주기에 무능하다는 것을 목격했기 때문일 것이다. 일례로 '세월호 사건' 에서 우리는 정부와 사회 시스템의 무능과 무책임을 절실하게 깨달았다. 우주선을 타고 몇 년을 날아가야 하는 거리

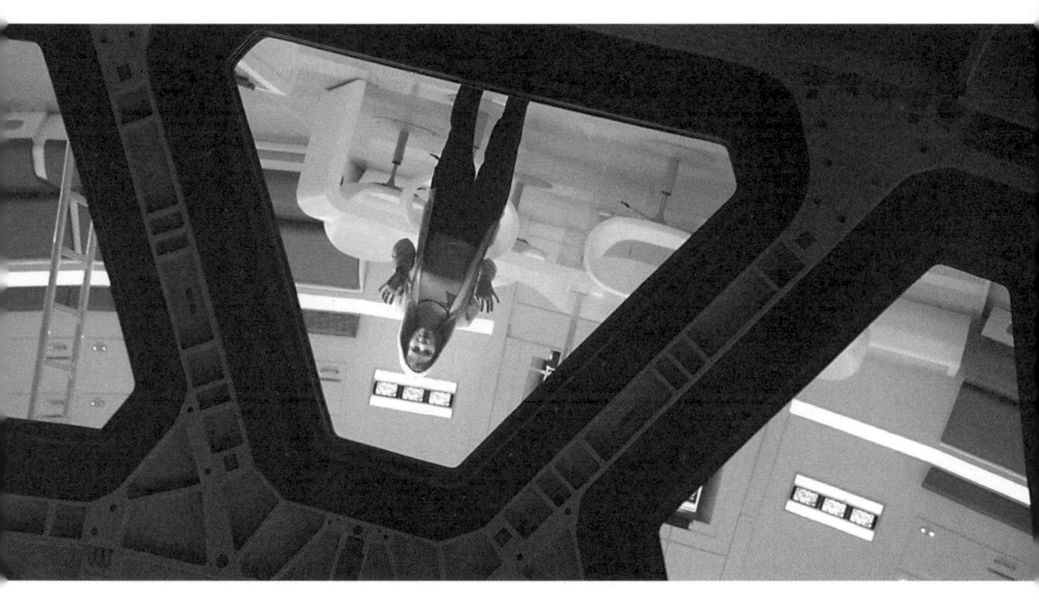

가 아닌 대한민국 영토 안, 그것도 해경이 충분히 출동할 수 있는 가까운 바다에서 침몰한 배에서 어린 생명들이 죽어 가는 모습을 지켜보고 있게만 만든 무능함과 그 누구도 책임지지 않는 무책임한 사회 시스템 안에서는 제아무리 과학 지식이 풍부한 천재라도 긍정의 힘을 발휘할 수 없다.

하지만 냉소와 비관에 빠질 필요는 없다. 한 사람을 구조하기 위해 많은 사람들이 시간과 비용과 노력을 들여 애쓰는 영화 속 장면과 유사한 상황을 우리의 현실에서도 분명히 볼 수 있기 때문이다. SBS 프로그램 〈TV 동물농장〉을 보면서 감동하게 되는 부분인데, 하수구에 고립된 고양이 한 마리를 구조하기 위해 온갖 전문가들이 동원되고 교통까지 통제할 때도 있다. 그 상황에서 모두가 한마음 한뜻이 되어 위험에 빠진 한 생명을 구조한다. 누구도 그 한 생명을 하찮게 여기지 않고 구조에 성공했을 때 모두 같은 마음으로 기뻐한다. 선한 에너지의 집결이 현재 대한민국 사회에

서도 불가능하지 않은 것이다. 경직되어 무능한 관료 시스템이 합리적인 융통성을 가지게 된다면 우리가 가진 집단 지성도 놀라운 힘을 발휘할 수 있다. 어느 사회에서든 누군가는 살리고 누군가는 죽인다. 두말할 필요 없이 죽이는 삶보다는 살리는 삶이 가치 있다. 과학기술 역시 생명을 살리는 데 그 의의가 있다.

〈마션〉은 와트니가 보여준 낙천성과 예술적이라고까지 느껴지는 팀워크가 어디서 꽃피울 수 있는지 그 토양이 무엇인지를 행동으로 보여주는 영화이다. 〈마션〉을 보면서 관객들은 과학의 세계에 매료되고 과학기술에서 인간의 얼굴을 느끼게 된다. 무조건적으로 긍정의 힘을 강요할 수는 없다. 과학기술이 생명을 죽이는 데 사용되는 것이 아니라 생명을 살리는 데 사용될 때, 뜨거운 심장과 더불어 냉철함을 가진 지휘관을 신뢰하고 따를 수 있을 때, 국가가 자국민을 지켜 줄 수 있을 때, 인류애를 발휘하는 것이 자국에도 이익이 됨을 깨닫게 될 때, 하나의 생명도 소중히 여기는 문화적 환경이 조성될 때 긍정의 힘이 발현된다. 〈마션〉은 과학기술에 선한 의지를 부여할 수 있다고 믿고, 그것이 인류의 밝은 미래를 약속할 수 있다는 메시지를 담은 유쾌한 긍정의 영화이다. 화성을 여행하고 싶다는 생각이 들게 만든다.

*이 원고는 2015년 11월 14일 《매일경제신문》에 게재된 본인의 칼럼을 수정하고 확장한 것입니다.

이 채 원 _ dike97@hanmail.net
영화평론가. 나사렛대학교 교양학부 교수. 서강대학교 국문과 졸업. 동 대학원 문학박사. 2013년 《동아일보》 신춘문예에 영화평론 당선. 저서로『소설과 영화, 매체의 수사학』『영화 속 젠더 지평』 등이 있음.

고레에다 히로카즈 감독

바닷마을 다이어

감독/ 고레에다 히로카즈
출연/ 아야세 하루카, 나가사와 마카호, 히로세 스즈
각본/ 고레에다 히로카즈, 요시다 아키미
촬영/ 타키모토 미키야
조명/ 후지이 노리키요
음향/ 츠루마키 유타카
음악/ 칸노 요코
편집/ 고레에다 히로카즈

〈바닷마을 다이어리〉는 재잘거리며 흘러가는 이른 봄날의 시냇물을 닮았다. 시간의 흐름을 따라 쉬지 않고 흐르되 이야기의 보폭은 작고 굴곡이 없다. 겉으로 드러난 갈등도 거세지 않아서 잔물결처럼 밀려왔다 밀려갈 따름이다. 이러한 특징은 영화 속의 사건 자체가 예사롭지 않다는 점에서 더욱 돋보인다. 감독의 세계관과 솜씨를 동시에 엿볼 수 있다. 고레에다 히로카즈는 울퉁불퉁하고 모난 돌멩이를 매끄럽게 다듬어 예술품으로 만들어 낸다. 노련한 석공石工을 연상시킨다.

— 본문 中

이 아름다운 바닷가 마을에 갈 수 있다면…

— 고레에다 히로카즈 감독 〈바닷마을 다이어리〉

임정식

〈바닷마을 다이어리〉는 얼핏 휴먼 다큐멘터리라고 느껴질 정도로 사실적이다. 카메라는 인물들의 자잘한 일상을 마치 일기처럼 담아낸다. 신경을 곤두세우고 지켜봐야 할 극적 갈등도 없다. 배우들은 자신의 실제 생활이 그러한 것처럼 말하고 행동한다. 계절의 변화는 자연스럽게 화면에 녹아 있고, 시간의 흐름은 그에 걸맞은 에피소드를 만들어 낸다. 또 세월의 흔적이 곳곳에 배어 있는 전통 가옥과 골목길, 바닷가, 식당과 같은 장소들은 익숙하고 친근하다. 감독은 그 단조롭고 나른한 선율 속에 삶의 비의를 보물찾기 쪽지처럼 감쪽같이 숨겨 놓았다.

흥미로운 점은, 영화의 소재나 사건 자체는 자극적이라는 것이다. 〈바닷마을 다이어리〉는 사치, 요시노, 치카라는 세 자매가 15년 전 집을 나간 아버지의 장례식에 참석하는 것으로 시작한다. 그는 바람이 나서 아내와

세 딸을 버린 사람이다. 여기에 낯선 이복동생의 등장, 남편에 이어 자식들을 버린 어머니와의 재회, 세 자매의 실연과 불륜이 차례로 펼쳐진다. 막장 드라마에나 어울릴 법한 내용이다. 그런데 영화의 전체적인 톤은 비현실적일 만큼 아름답고, 따뜻하고, 아늑하다. 고레에다 히로카즈 감독 특유의 '가족 서사'가 담담하면서도 유쾌하게 펼쳐진다. 감독의 장인다운 솜씨가 빛나는 대목이다.

〈바닷마을 다이어리〉는 특별하지만 평범한 혹은 평범하지만 특별한 사람들의 이야기이다. 이 인물들은 모두 내면의 상처를 지니고 있다. 간호사인 서른 살 맏언니 사치와 열다섯 살 중학생인 이복동생 스즈가 대표적이다. 사치는 아버지가 가출하고 어머니마저 집을 나간 10대 중반부터 소녀가장이었다. 부모에 대한 원망을 가슴에 묻고, 두 동생을 기숙사 사감처럼 보살피고 있다. 스즈는 사치의 이복동생이다. 스즈는 어머니가 죽고 아버지가 재혼하자 계모 품에서 자란다. 하지만 아버지마저 병으로 죽고 만다.

그래서 스즈는 "나는 존재 자체가 다른 사람에게 상처인 사람"이라는 생각을 품고 있다. 고레에다 히로카즈 영화의 어린 주인공들이 대부분 그러하듯, 스즈는 나이에 비해 조숙하다. 슬픔을 마음의 오지에 숨겨 놓고 산다. 스즈는 매실주에 취해 잠꼬대를 하면서 "아빠는 바보, 새엄마 미워." 라고 속내를 털어놓을 뿐이다. 동병상련이었을까? 사치는 첫눈에 스즈의 내면에 감춰진 슬픔을 알아챈다. 그래서 역까지 배웅 나온 스즈에게 같이 살자고 말한다.

사치가 스즈에게 동거를 제안하는 이 장면에 영화의 핵심이 담겨 있다. 슬픔과 상처가 파괴적인 복수심으로 이어지지 않고 연민과 동정, 애틋한 사랑으로 피어난다. 사치는 동생들에게 아버지에 대해 비난조로 말한다. 우유부단해서 빚보증이나 서고 동정심만 많은 사람이었다는 것이다. 그러나 피는 속일 수 없다. 아버지의 외도 때문에 홀로 남겨졌던 사치는, 아버지의 죽음으로 홀로 남겨진 어린 스즈를 외면하지 못한다. 영화에 직접적

으로 나오지는 않지만, 사치는 자신이 스즈의 나이였을 때, 스즈의 처지가 됐을 때를 떠올렸을 것이다. 그래서 사치는 스즈에게 손을 내밀고, 스즈는 주저 없이 그 손을 잡는다.

〈바닷마을 다이어리〉는 사건의 연쇄와 순환 구조로 이루어져 있다. 비슷한 에피소드가 영화 전반에 걸쳐 반복해서 나타난다. 산에 올라 마을을 내려다보는 장면을 보자. 아버지의 장례식이 끝난 후, 네 자매는 야트막한 산에 오른다. 스즈가 제일 좋아하는 곳, 아버지와 자주 올랐던 곳이다. 이 산에서 내려다본 마을 풍경은 세 자매가 사는 바닷가 마을 카마쿠라와 똑같다. 사치, 요시노, 치카는 신기한 일이라고 감탄한다. 그런데 네 자매는 나중에 카마쿠라의 뒷산에 올라 바다를 내려다본다. 사치가 아버지와 자주 올랐던 곳이다. 아버지—세 자매—스즈가 한 핏줄로 이어진다는 점을 보여준다. 치카가 아버지의 취미였던 낚시하는 행동을 반복하는 것도 마찬가지다.

이러한 반복과 순환 구조는 영화의 주제와 연관된다. 스즈의 잠꼬대가 있은 후, 사치는 스즈와 둘이서 산에 오른다. 그리고 허공을 향해 마음껏 소리를 지르며 슬픔을 토해 낸다. 사치는 스즈에게 "이제 엄마 얘기를 해도 된다."고 말한다. 스즈에게 엄마라는 단어는 금기어였는데, 사치는 이 족쇄를 풀어 준다. 말하지 않아도 상대의 상처와 슬픔을 알아채는 사치와 속 깊은 스즈는 서로를 껴안는다. 두 사람은 눈물로 서로의 상처를 치유해 준다. 이 치유가 아버지가 좋아했던 장소에서 이루어진다는 점이 상징적이다. 〈바닷마을 다이어리〉에서 아버지는 특이한 존재다. 그는 영화에는 한 차례도 등장하지 않는다. 그러면서도 인물의 내면 변화나 서사 전개에 중요한 역할을 담당한다. 그는 비난받아 마땅한 인물이다. 하지만 아버지가 오직 원망의 대상이기만 했다면, 영화는 전혀 다른 방향으로 전개됐을 것이다.

〈바닷마을 다이어리〉에서는 사건이 에피소드 중심으로 전개된다. 따라서 기승전결로 구분할 수 있는 뚜렷한 서사가 없다. 사건과 사건의 인과관계도 느슨하다. 게다가 감독은 인물의 행동과 의미에 대해서 즉각 설명해 주지 않는다. 사치가 스즈에게 카마쿠라의 집에서 같이 살자고 말할 때, 관객은 그 이유를 알지 못한다. 나중에 사치의 행동과 대사를 통해 간접적으로 확인할 수 있을 뿐이다. 그런데 스토리를 재구성해 보면, 각각의 에피소드들은 띠처럼 서로 밀접하게 연결돼 있다. 이러한 이야기 전개 방법은 음식이나 옷, 매실주와 관련된 에피소드에서도 나타난다.

사치는 할머니의 제사 때 어머니를 만나서 말다툼을 한다. 어머니가 집을 팔자고 말하자 "엄마는 그럴 자격이 없다."고 날을 세운다. 영화에서 갈등이 거의 유일하게 표면화된 장면이다. 그러나 사치의 원망은 금세 풀어진다. 할머니 묘소에 다녀온 뒤, 할머니가 담근 매실주를 어머니에게 선물로 준다. 화해의 몸짓이다. 해산물 카레를 만드는 것도 같은 맥락이다. 사치는 스즈를 일부러 주방으로 불러내 카레를 함께 만든다. 해산물 카레는 엄마가 딸들에게 유일하게 직접 해준 음식이다. 사치는 이 요리를 스즈에게 전수해 주고 싶은 것이다. 할머니가 심은 매실나무에서 딴 열매로 매실주를 담그는 것도, 할머니의 유카타를 사치가 입고 사치의 유카타는 스즈가 입는 것도 같은 의미다. 할머니—아버지와 어머니—사치, 요시노, 치카—스즈로 이어지면서 삶은 계속된다. 조상과 후손, 부모와 자식, 존재조차 몰랐던 이복 자매들이 가족이라는 이름으로 어울려 살아간다.

〈바닷마을 다이어리〉는 재잘거리며 흘러가는 이른 봄날의 시냇물을 닮았다. 시간의 흐름을 따라 쉬지 않고 흐르되 이야기의 보폭은 작고 굴곡이 없다. 겉으로 드러난 갈등도 거세지 않아서 잔물결처럼 밀려왔다 밀려갈 따름이다. 이러한 특징은 영화 속의 사건 자체가 예사롭지 않다는 점에서 더욱 돋보인다. 감독의 세계관과 솜씨를 동시에 엿볼 수 있다. 고레에다 히로카즈는 울퉁불퉁하고 모난 돌멩이를 매끄럽게 다듬어 예술품으로 만들어 낸다. 노련한 석공石工을 연상시킨다.

영화에는 결말이라 할 만한 매듭이 없다. 사치, 요시노, 치카 그리고 스즈는 이웃집 아주머니 니노야미의 장례식에 갔다가 돌아오는 길에 바닷가에서 산책을 한다. 이들은 곧이어 집에 와서 마루에 둘러앉아 밥을 먹고, 옷이나 샤워 순서로 티격태격하고, 동생의 발톱에 매니큐어를 발라 주고, 서로의 어깨를 토닥거릴 것이다. 감독은 삶이란 그렇게 시냇물처럼 흘러가고, 마침내 바다에 당도하는 것이라고 속삭이는 것 같다. 그 물결 위에는 때로 살얼음이 끼고, 때로 연분홍 꽃잎이 내려앉기도 할 것이다. 안타까운 죽음이 있고, 설레는 풋사랑도 있을 것이다. 그래서 사치는 아버지가 그러했던 것처럼 유부남과 불륜에 빠지고, 동생들은 언니의 사랑을 수용하는 것이리라.

〈바닷마을 다이어리〉에는 장례식 장면이 두 차례 나온다. 사치의 아버지와 바다 고양이 식당 주인 니노미야의 장례식이다. 이 장례식에서 우는 사람은 스즈의 계모 뿐이다. 그녀는 형식적으로만 남편을 간병했던 인물이다. 그러니까 고인을 진정 아끼고 사랑했던 인물들은 죽음을 담담하게 받아들인다. 감독은 이것이 삶의 순리이며, 바닷가 마을에서 살아가는 법이라고 말하는 듯하다. 사치의 아버지와 니노야마는 죽기 직전에 같은 말을 남긴다. "아름다운 것을 아름답다고 느낄 수 있어서 행복했다."는 것이다. 그런데 〈바닷마을 다이어리〉는 어린 영혼의 슬픔과 상처마저도 아름답게 형상화한다. 이 아름다운 바닷가 마을에 가고 싶어진다.

임 정 식 _ dada8847@naver.com

고려대 국문학과 및 동대학원 문예창작학과 졸업. 저서로 『대중스타 이미지 탐구1 장동건』 『대중스타 이미지 탐구2 김혜수』가 있음. 스포츠조선 연예부장-문화팀장, 영화평론가, 고려대 강사.

알레한드로 곤잘레스 이냐리투 감독

버드맨

독/ 알레한드로 곤잘레스 이냐리투
출연/ 마이클 키튼, 에드워드 노튼,
엠마 스톤, 나오미 왓츠
/ 알레한드로 곤잘레스 이냐리투,
니콜라스 지아코본,
알렉산더 디넬라리스, 아르만도 보
촬영/ 엠마누엘 루베즈키
연출/ 피터 콘
음악/ 안토니오 산체스
/ 더글러스 크리즈, 스티븐 마리온

〈배트맨 2〉(1992) 이후 대형 히트작이 없는 마이클 키튼을 리건 역에 캐스팅한 것은 자명하게도 연출적 계획 하에 있었던 신의 한 수였다. 그는 '리건'의 현신이 되어 흠 잡을 데 없는 연기를 선보인다. 그 또한 슈퍼히어로의 후광에서 서서히 멀어지며 남모를 불안과 고통을 겪었으리라. 그렇다면 이 영화를 통해 날아오른 것은 리건인가 키튼인가. 그래서 영화가 끝난 후에도 현실과 환상 사이의 기분 좋은 긴장은 계속된다.

— 본문 中

할리우드의 현실과 판타지, 혹은 열등감과 우월감 사이[1)]

— 알레한드로 곤잘레스 이냐리투 감독 〈버드맨〉

윤성은

제목부터 '슈퍼맨' '배트맨' '아이언맨' 등의 슈퍼히어로를 연상시키는 '버드맨'은 새 모양의 수트를 입고 스크린을 누비며 악의 무리를 처단하던 영웅이 '었'다. 그러나 20년이 지난 후, 버드맨은, 아니 〈버드맨〉 시리즈의 주연 배우였던 '리건'은 브로드웨이의 낡은 건물에서 연극 공연을 준비하고 있다. 사실, 처음부터 리건이 버드맨이었던 적은 없었다. 그는 버드맨을 연기했을 뿐이다. 이제 그는 연극의 제작과 주연을 맡아 전성기 시절 명성을 되찾고자 한다.

연기자들이 배역과 자아 사이에서 갈등하는 소재의 영화들은 꾸준히 만들어져왔으며 근 몇 년 간만 보더라도 훌륭한 참고서들을 발견할 수 있다. 〈블랙 스완Black Swan〉(2011)의 젊은 발레리나는 완벽한 흑조 연기를 위해 목숨을 걸고, 〈클라우즈 오브 실스 마리아Clouds of Sils Maria〉(2014)의 중견

연기자는 극중 인물의 감정에 함몰될까 끊임없이 히스테리를 부리며, 〈맵 투 더 스타Maps To The Stars〉(2014)에는 엄마가 연기했던 배역을 따냄으로써 유년기의 트라우마를 극복하려는 여배우가 등장한다. 리건을 포함한 이런 인물들에게서 발견되는 공통점은 극심한 정서적 불안과 강박에 시달린다는 것이다. 하지만—공교롭게도—다른 세 작품 모두 여성이 주인공인데 반해 리건이 남성, 그것도 중년의 남성이라는 사실은 그의 현실적 절박함을 잘 드러낸다. 그는 경제적으로도, 가장으로서도, 배우로서도 벼랑 끝에 서있으며 이 절체절명의 시기에 자신을 슈퍼히어로의 수트와 분리시킴으로써 모든 문제를 해결하고자 하는 인물이다.

〈버드맨〉에 대한 비평적 찬사는 참신하면서도 주제 및 분위기에 적확하게 맞아떨어지는 높은 수준의 영화 형식으로부터 시작된다. 알레한드로

G. 이냐리투 감독은 리건의 상황을 가장 영화적인 방식으로 구현해내고 있는데 먼저, 공연장 내부의 미로 같은 통로는 주인공의 답답함을 전달하기에 충분히 효과적인 공간이다. 〈그래비티〉(2013)에서 긴 호흡으로 우주를 유영했던 엠마누엘 루베즈키 촬영감독의 카메라가 이번에는 의상실과 분장실, 그리고 무대를 연결하는 좁은 복도를 자유자재로 비집고 다닌다. 인물을 긴밀하게 따라다니며 시공간의 연속성을 유지하는 롱 테이크, 인물의 등이나 문 뒤에서 다음 장면으로 연결되는 이음새 없는 편집 등은 즉시 단일한 공간에서 몇 개의 쇼트shot만으로 완성시킨 알프레드 히치콕의 〈로프Rope〉(1948)를 연상시킨다. 폐소공포증이라는 단어를 떠올리게 되는 것도 히치콕 영화들과의 유사성 때문일 것이다. 더 이상 물러설 곳이 없는 리건에게 극장은 거대한 유령의 집haunted house과도 같다.

청각적 장치들도 주제와 절묘하게 연결되는 하나의 스타일로 작동하고 있다. 영화음악의 대부분을 담당하고 있는 드럼 소리와 혼자 있을 때 등

장하는 버드맨의 목소리는 특히 주목해 볼만하다. 멜로디를 배제한 드럼 소리는 기본적으로 영화를 세련되게 장식하고 있는 미니멀한 장치이며 오직 다양한 음색과 리듬을 통해 인물들의 심리적 고저 및 극적 국면의 변화 등을 섬세하게 담아낸다. 그런데 후반부에 가면 이전까지 스코어 뮤직score music으로만 나오던 이 음악이 소스 뮤직source music으로 전환되는 장면이 나온다. 즉, 관객들에게만 들린다고 생각했던 드럼 소리가 리건이 연극의 클라이맥스 부분을 연기하기 위해 무대로 올라가는 시점 쇼트에서 드럼 연주자가 프레임 인frame in 되며 자연스레 소스 뮤직이 되는 것이다. 이것은 무대와 무대 밖, 현실과 환상을 교묘히 뒤섞으며 그 경계를 모호하게 만들었던 영화의 다른 요소들에 음악까지 합류하게 되는 장면이다. 관객들이 겪는 혼란—처음부터 드럼이 극중에서 연주되고 있었던가 하는—은 리건이 러닝타임 내내 다른 방식으로 겪고 있는, 그리고 이 인물을 통해 영화가 관객들에게 대리 체험시키고자 하는 혼란의 양상과 정

확히 부합한다.

한편, 관객이 아닌 주인공을 가장 혼란스럽게 하는 것은 낮고 굵직한 '목소리' 다. 이 분열된 자아는 리건을 끊임없이 조롱하고 낙담시킨다. 또 다른 자아와의 매개로 자주 사용되는 거울 대신 커다란 액자 속의 버드맨이 이 목소리의 실체임은 의심할 바 없다. 그렇다면 그에게 부와 명성을 안겨주었던 슈퍼히어로는 왜 이토록 성가시고 불편한 존재가 되었는가. 그것은 예술가로 거듭나야 하는 중대한 시점에서 리건이 버려야 할 과거의 영광이기 때문이다.

여기서 할리우드 영화인들이 영화—슈퍼히어로 장르로 대표되는—에 대해 갖고 있는 열등감과 우월감에 대해서는 조금 더 언급할 필요가 있다. 〈버드맨〉의 유머는 대다수 이 두 가지 상반된 감정의 균열을 적절히 건드림으로써 발생하기 때문이다. 가령, 영화 초반에 리건은 랄프를 해고하고 다른 배우를 데려오려 하는데, 그가 언급하는 우디 해럴슨, 마이클 패스벤더, 제레미 레너는 각각 〈헝거게임〉, 〈엑스맨〉, 〈어벤져스〉 등 블록버스터를 찍고 있다. 곧 이어 등장하는 인터뷰에서 한 기자는 리건에게 바르트의 말을 인용하며 코믹스 원작의 영웅역을 하던 그가 레이먼드 카버의 연극을 한다는 것은 시대에 역행하는 것이 아니냐고 묻는다. 이것은 할리우드 영화인들이 늘 가슴 속에 품고 있는 질문과도 같다. 알랭 바디우가 단호하게 지적한대로 영화 매체의 속성에 '자본'이 포함되어 있다는 것을 인정한다면 그에 대해 스스로 비웃을 이유는 없다. 그러나 영화인들은 어떤 식으로든 그들이 장사치가 아닌 예술가로서 손색이 없다는 것을 증명하고자 한다. 다른 예술분야로 진출하는 것은 그 한 방법으로, 리건에게는 레이먼드 카버가 정확히 그러한 도구인 것이다. 이미 성공한 시나리오 작가임에도 소설가가 되기를 갈망하는 〈미드나잇 인 파리Midnight in Paris〉(2011)의 주인공처럼, 리건 또한 글로벌 엔터테인먼트 산업의 총아라 할 수 있는 영웅물에 대해 조소를 드러낸다. 그것은 곧 자기 자신에 대한 환멸이기도 하다.

그러나 영화가 그 환멸에서 끝났다면 미국 아카데미는 〈버드맨〉을 그 해 최고의 작품으로 꼽지는 않았을 것이다.[2] 리건의 재기 과정이 고난의 연속이라는 것은 자조로부터 연민, 자기애로 나아가기 위함이다. 그 애정 어린 시선이 후반부로 갈수록 오히려 이 영화를 팽팽한 풍선처럼 긴장시키다가 결국 하늘 높이 떠오르게 만든다. 가령, 리건이 겪는 정신적 고통은 복합적이지만 그 중에서도 편견이라는 테제는 그를 끊임없이 괴롭힌다. 유명 연극 비평가 디킨슨의 대사는 그 정점이라 할 수 있다. 리건의 연극을 보지도 않고 악평을 쓰겠다는 그녀는 리건이 '배우'가 아닌 '연예

인' 이라고 말한다. 이 장면에서 리건은 더 이상 조소나 환멸이 아닌 페이소스의 대상이다. 그는 이제 이 '영화' 에서 '연극' 을 통해 부활해야만 하는 '영웅' ―슈퍼히어로물이 아닌 신화적 의미의―이다.

다시 슈퍼히어로의 목소리로 돌아가 보자. 버드맨과 함께 있을 때 리건이 발휘하는 초능력은 그에게 아직 내재되어 있는 재능과 에너지를 의미한다. 분열된 자아의 존재와 마찬가지로 그의 잠재력이 판타지가 아닌 현실이며 과거형이 아닌 현재형이라는 점은 이 영화 전반에 깔려 있는 긍정성을 대변한다. 그는 결국 버드맨을 처치하기보다 내려놓음으로써 과거와 화해한다. 비참하고 우울한 상황에서도 유머를 잃지 않던 이야기는 리건이 진짜 총의 방아쇠를 당기는 장면에서 일순간에 비극으로 치닫는다. 그러나 총알은 목숨을 앗아가는 대신 그에게 새 코를 선사하고, 그는 병실 창밖으로 뛰어내린다. 이 때 하늘로 날아오른 것은 리건일까 버드맨일까. 할리우드에서 브로드웨이까지, 수십 년 동안 지속돼왔던 버드맨이었던 배우와 버드맨의 반목은 이렇게 끝이 난다. 그리고 할리우드의 열등감은 순식간에 우월감으로 전환된다. 〈버드맨〉은 영화이며, 철저히 영화적이니까.

〈배트맨 2〉(1992) 이후 대형 히트작이 없는 마이클 키튼을 리건 역에 캐스팅한 것은 자명하게도 연출적 계획 하에 있었던 신의 한 수였다. 그는 '리건' 의 현신이 되어 흠 잡을 데 없는 연기를 선보인다. 그 또한 슈퍼히어로의 후광에서 서서히 멀어지며 남모를 불안과 고통을 겪었으리라. 그렇다면 이 영화를 통해 날아오른 것은 리건인가 키튼인가. 그래서 영화가 끝난 후에도 현실과 환상 사이의 기분 좋은 긴장은 계속된다. 이 영화에서 정말 비현실적이라 수식하고 싶은 단 한 가지는 작은 디테일부터 콘텍스트적 장치에 이르기까지 완벽하게 설계하고 실행한 이냐리투 감독의 재능이다. 〈버드맨〉 개봉 후, 채 1년이 안되어 선보인 〈레버넌트: 죽음에서 돌아온 자The Revenant〉까지 감안할 때, 이것은 상찬이 아니다. 그의 또 다른 상상이 스크린에 재현될 날을 기다린다.

1) 이 글은《예술문화비평》제16호(2015년 봄)에 실었던 비평을 근간으로 하고 있으나 두 배 이상의 분량으로 수정, 보완되었음을 밝혀둔다.
2) 〈버드맨〉은 2015년 87회 아카데미 시상식에서 작품상, 감독상, 각본상, 촬영상 등 주요 부문을 휩쓸었다.

윤 성 은 _ amee9@naver.com
영화학 박사. 2011년 영평상 신인평론상 수상 이후 다양한 매체를 오가며 영화평론가로 활동하고 있다. 2015년 공연과 리뷰 PAF 평론상 수상.

드니 빌뇌브 감독

감독/ 드니 빌뇌브
출연/ 에밀리 블런트, 베니치오 델 조슈 브롤린
각본/ 테일러 쉐리던
촬영/ 로저 디킨스
연출/ 도널드 스파크스
음악/ 조한 조한슨
편집/ 조 월커

영화 〈시카리오〉의 매력도 여기에 있다. 관객들은 아무것도 모른 채 사건의 중심으로 걸어 들어가는 케이트의 시각에 몰입하고 공감하게 된다. 관객들은 케이트가 보는 만큼 보고 아는 만큼 알게 된다. 즉, 케이트가 모든 것을 알기 전까지 관객들은 그저 맷과 알레한드로의 거친 안내를 따를 수밖에 없는 것이다. 케이트는 이 이야기의 화자이자 시점자이지만 그 이야기와 눈은 정확한 정보와는 거리가 멀다. 남들은 아는데 나는 모르는 것, 영화적 긴장감은 이 정보량의 차이에서 배가된다. 〈시카리오〉를 보는 내내 긴장을 놓칠 수 없는 것이다.

— 본문 中

필요한 일이 곧 옳은 일, 악몽과 치욕 사이의 풍경

— 드니 빌뇌브 감독 〈시카리오: 암살자의 도시〉

강유정

1. 극적인 복수극

사실, 답은 이미 나와 있다. FBI 요원인 케이트(에밀리 블런트)가 CIA 소속의 작전 책임자 맷(조슈 브롤린)을 만나 묻는다. "이 작전의 목적이 뭐죠?" 맷은 웃으며 대답한다. "극적인 복수극?" 처음엔 이게 무슨 말인가 싶지만, 영화 〈시카리오: 암살자의 도시(이하 시카리오)〉를 두 번째 볼 때면, 그 말이 단순한 말장난이 아니었음을 알게 된다. 그러니까, 〈시카리오〉는 극적인 복수극이다. 누가, 왜, 어떻게, 언제, 복수하느냐. 그것은 오직 한 사람, 연출자인 드니 빌뇌브만이 알고 있다. 그는 역시, 이야기를 어떻게 해야 하는지 알고 있는, 허구의 천재이다. 〈시카리오〉를 한 번 볼 땐, 그저 미친 듯이 빨려 들어가지만 두 번째 다시 볼 땐, 그 영화 공작술에 놀라게 되는 이유도 여기 있다. 드니 빌뇌브의 영화 속엔 "그냥" 넘어갈 부분이 없다.

2. 진실하기에 무능한 오이디푸스

FBI 요원 케이트는 아리조나, 챈들러의 버려진 가옥에서 수십 구의 시체를 발견한다. 누군가 불청객이 올 것을 예상했는지, 시체를 찾는 도중 매설된 폭발물이 터진다. 두 명의 경관을 잃고, 책임자인 케이트도 다친다. 버려진 시체는 멕시코인들로 추정된다. 사건이 마무리될 때쯤, CIA 사람들이 케이트를 호출한다. 그들은 뭔가 심각한 이야기를 하며 그녀를 바라본다. 그들은 그녀를 이 사건에 불러들일지 말지 고민한다. 케이트가 발견한 시체들이 단순한 사체가 아니라 어떤 범죄의 '끈'이기 때문이다.

그 범죄는 바로 카르텔이라고 부르는 국경 부근 남미를 기반으로 한 폭력 조직의 범죄이다. 카르텔은 매우 잔혹한 방식으로 다른 카르텔 경쟁자들을 응징한다. CIA는 현재 가장 강력한 카르텔의 수장을 추적 중이었고 케이트가 발견한 시체들은 그를 쫓는 유인책이 될 만하다. 이에 맷은 케이트가 이 작전에 참여할 것을 요구한다.

주목해야 할 것은 케이트가 이 작전에 대해 거의 아무것도 모른 채 투입된다는 것이다. 우선 맷과 그 주변의 사람들이 도대체 어디에 소속된 어떤 사람인지 알 수 없다. 그들은 다소 고압적이며 마초적인 말투로, 너무 많이 알려고 하면 다친다는 분위기를 풍긴다. 이 모호함은 케이트에게 두려움을 불러일으킨다. 모른다는 것은 두려운 것이다. 게다가 자신이 그 한가운데에 있는데 상황을 이해할 수 없다는 것은 눈을 가리고 절벽 위를 걷는 것과 다르지 않다. 하지만 한편, 케이트는 이 모른다는 것 자체로 사건에 깊숙이 연루된다. 왜, 어떻게, 누구인지 알기 위해선 결국, 맷의 요구에 따

라갈 수밖에 없는 것이다. 그 길의 끝에 진실이 있을 것이라고 믿고 있기 때문이다.

이 모호한 두려움은 남미 전문가라고 판단되는 알레한드로의 투입으로 점차 고조된다. 카르텔의 정서와 상황을 잘 알고 있는 듯한 이 남자는 소위 컨설턴트로 통한다. 하지만 그가 과연 어떤 조언을 하고, 또 왜 그가 CIA를 돕는지 알 수 없다. 다만, 그의 강렬한 눈빛과 그에 어울리지 않는 초조한 잠버릇이 그의 고뇌와 상처를 짐작케 할 뿐이다.

중요한 것은 이 정보가 케이트뿐만 아니라 관객에게도 철저하게 봉쇄되어 있다는 사실이다. 요한 요한슨의 음악은 마치 심박기의 버저 소리만큼이나 신경을 날카롭게 일으킨다. 영문도 모른 채 줄지어 달리는 검은 승합차는 무엇인가 심각한 일이 벌어지고 있다는 암시를 주긴 하지만 도대체 그게 무슨 일인지는 도무지 열어 주지 않는다. 엘파소에서 검문소를 건너 후아레스로 가는 장면만 해도 그렇다. 맷과 알레한드로는 케이트에게 총

을 쥐어 줄 뿐 누구를 노리고, 어떻게 써야 할지는 설명해 주지 않는다. 결국, 총을 쥐어 준 것 자체가 위험을 알리는 상징이 될 뿐, 정작 상황의 안개는 깊어지는 것이다.

영화 〈시카리오〉의 매력도 여기에 있다. 관객들은 아무것도 모른 채 사건의 중심으로 걸어 들어가는 케이트의 시각에 몰입하고 공감하게 된다. 관객들은 케이트가 보는 만큼 보고 아는 만큼 알게 된다. 즉, 케이트가 모든 것을 알기 전까지 관객들은 그저 맷과 알레한드로의 거친 안내를 따를 수밖에 없는 것이다. 케이트는 이 이야기의 화자이자 시점자이지만 그 이야기와 눈은 정확한 정보와는 거리가 멀다. 남들은 아는데 나는 모르는 것, 영화적 긴장감은 이 정보량의 차이에서 배가된다. 〈시카리오〉를 보는 내내 긴장을 놓칠 수 없는 것이다.

관객은 케이트의 눈을 카메라 삼아 이 찜찜한 세계에 초대된다. 마치 천천히 목을 조여 오는 어떤 '기미' 처럼, 영화는 짐작은 되지만 도무지 알기 어려운 어떤 세계의 그림을 하나씩 맞춰 간다. 마치 이를 조롱하듯, 엘파소와 국경 지대를 훑는 부감 쇼트는 이 모든 일들이 단순히 어제오늘의 일은 아니라는 예감을 전달해 준다. 영화의 거의 마지막 부분, 야간 투시경을 통해 오히려 진실이 드러나는 아이러니도 그렇다. 대개 환한 대낮, 개방된 공간에서 진행되는 사건들은 아무런 진실도 보여주지 않는다. 오히려, 거의 아무것도 보이지 않는 칠흑 같은 밤, 그 밤의 동굴이 되어서야, 진짜 이야기가 고개를 내미는 것이다.

결국 〈시카리오〉는 극적인 복수극이다. 마지막 순간, 모든 일들은 이 복수극을 위한 하나의 작은 열쇠이자 퍼즐에 불과했음을 알게 된다. 하지만, 적어도 내가 그 퍼즐의 일부일 때, 그것을 알 수 있는 힘은 누구에게도 없다. 그만큼 많이 아프고, 상처 입고, 다쳐 봐야 세상에 보이지 않던 사각지대가 열린다. 말하자면, 케이트는 이제야 있으되 보지 못했던 세상 하나를

발견한 셈이다. 그것은 바로, 원칙이 아니라 엄청난 복수심이 원동력이 되는 세상의 풍경이다. 어떤 점에서 케이트는 그런 세상 풍경의 단 한 점에 불과할지도 모른다. 부감으로 비춘 중남미가 그저 그렇게 평범한 도시와 다를 바 없어 보이듯이 말이다.

3. 신의 희작

〈시카리오〉는 냉소적인 작품이다. 이 차가움이 매우 강조되는 서브플롯이 있는데, 그것이 바로 아주 평범해 보이는 어느 가정의 아침 풍경이다. 멕시코, 노갈레스Nogales에 위치한 이 집의 아침 풍경은 여기, 이곳의 것과 크게 다르지 않다. 엄마는 아침상을 준비하고, 아이는 아버지 곁을 맴돌며 같이 놀아 달라고 떼를 쓴다. 간만에 쉬는 아버지는 이 달콤한 아침잠을 놓치고 싶지 않지만, 다정한 아버지인 그는 이내 눈을 뜨고 아들의 요구를 들어준다.

"그"는 마치 이 이야기, "극적인 복수극"에 있어 매우 중요한 퍼즐 조각인 것처럼 이야기의 초반부터 등장해 궁금증을 자아낸다. 평범한 경찰은 도대체 이 무시무시한 그림 속에서 어떤 역할을 차지하고 있는 것일까? 하지만, 이내 그가 영화적으로 어떻게 '쓰이는지' 확인하는 순간 씁쓸한 홍소를 지을 수밖에 없다. 그는 이 거대한 살육전의 풍경 하나이며, 극적인 복수극을 완성하는 데 필요한 징검다리였을 뿐이다. 말하자면, 그가 아니라 다른 사람이었다고 해도 크게 달라지지 않았을 것이다.

영화의 마지막 장면, 다시 아들의 모습이 화면에 꽉 찰 때, 이 비정한 게임의 목적이 과연 무엇이며 그럼으로 인해 얻는 것은 또 어떤 것일지를 질문하게 된다. 극적인 복수극의 뒤에 과연 얼마나 무고한 죽음의 개연성이

놓여 있는지 새삼 느끼게 되는 순간, 이 세상의 비정함은 머리가 아닌 가슴으로 내려앉는다. 이내 원칙과 진실이 세상을 움직일 수 없다는 사실 앞에 무릎을 꿇는 케이트의 모습에서 우리가 보게 되는 것도 다르지 않다. 인간은 신의 희작이며 따라서, 누군가 좀 더 주도면밀한 사람의 내러티브 안에서 적당한 단역을 맡는 것뿐이다.

드니 빌뇌브 감독은 그의 문제작 〈그을린 사랑〉에서부터 워낙 탁월한 스토리텔링 능력을 보여 왔다. 그는 이야기의 실체가 아니라 이야기가 어떻게 구성되느냐가 관건이라는 것을 알고 있는 보기 드문 공학적 스토리텔러이다. 세상은 정의로운 사람으로 지탱될 수 없다. 만약, 정의가 필요하다면 그것도 도구의 일부로 요구될 뿐이다. 영화 〈시카리오〉는 필요한 일이 옳은 일이 되는 세상의 풍경을 매우 건조하고, 긴장감 있게 구성해 보여주고 있다.

정의로운 여성이 음모의 한가운데에 들어선다는 점에서 〈시카리오〉의

리듬은 캐스린 비글로우 감독의 〈제로 다크 서티〉를 연상케 한다. 다만, 〈제로 다크 서티〉가 마침내 어떤 환희의 순간을 마련해 두고 있다면 〈시카리오〉는 끝까지 그런 기대를 환상으로 깨뜨린다는 사실이다. 〈시카리오〉는 달콤한 정의에 매료된 순진한 영혼들을 세계의 벼랑 끝으로 떠민다. 한 명의 영웅이 세상을 바꿀 수 있을 것이라고 믿는 세계는 순진하면서도 낭만적이다. 드니 빌뇌브의 세계는 그런 점에서 어른의 세계이다. 꿈속에서도 절망과 만나는 알레한드로 역의 베네치오 델토로처럼, 그렇게 세상은 악몽과 치욕 사이에 있는 것일지도 모르겠다.

강 유 정 _ noxkang@hanmail.net

고려대 국어국문학과 대학원 졸업. 2005년 《조선일보》《경향신문》 신춘문예 문학평론 당선, 《동아일보》 영화평론 입선. 저서로 『오이디푸스의 숲』이 있음. 강남대 교수. 《세계의문학》 편집위원.

다미엔 차젤레 감독

위플래쉬

감독/ 다미엔 차젤레
출연/ 마일즈 텔러, J.K. 시몬스, 멜리사 베노이스트, 폴 레이저
각본/ 다미엔 차젤레
촬영/ 샤론 메이어
연출/ 니콜라스 두체민 하바드
음향/ 토마스 커리
음악/ 저스틴 허위츠
편집/ 톰 크로스

〈위플래쉬〉가 보여주고자 한 것은 천재에만 국한된 것이 아니라 평범한 우리들의 이야기이고, 인간의 과도한 열정과 집념이 광기와 집착으로 변질되어가는 현대 자본사회에 대한 경고이기 때문이다. 이처럼 〈위플래쉬〉는 우리에게 끊임없는 열정과 그 성과를 이야기하고 있지만, 실은 그 이면의 불행도 함께 보여주고 있는 것이다. 그래서 그들이 극한으로 치닫으면서까지 동경해마지 않는 '성공이란, 진정한 행복이란 대체 무엇인가'를 관객들에게 자꾸만 되묻는 것이다. 그것들은 동전의 양면과 같아서 거대한 채찍이 되어 돌아올 수 있다는 것을.

— 본문 中

천재와 광기 사이의 텐션tension

— 다미엔 차젤레 감독, 〈위플래쉬Whiplash〉

손정순

당신은 무언가에 미쳐본 적이 있는가? 소위 음악이나 미술 같은 예술 분야가 아닐지라도 당신은 한번이라도 좋아하는 일에 목숨을 내건 광기를 발휘해 본 적이 있는가? 인생에 단 한번이라도 그런 황홀한 체험의 순간을 맛보았다면, 당신은 스스로에게 거는 강한 자부심을 넘어 자존감까지 갖게 될 것이다.

이처럼 우리는 살아가면서 한번쯤은 자신이 좋아하는 일에 미쳐보기를 갈망한다. 이러한 대중의 심리를 잘 포착하고 반영한 영화가 바로 〈위플래쉬Whiplash〉다. 다미엔 차젤레 감독 본인의 고교시절 체험을 바탕으로 만들어졌다는 이 영화는 2013년에 18분짜리 단편영화로 먼저 제작되었고 그 후 투자를 받아 장편영화로 빛을 보았다.

명문 음악학교에 입학한 드러머 앤드류(마일즈 텔러)와 전설의 괴물 교

사 플렛처(J.K. 시몬스)가 펼치는 광기어린 레슨과 그 행방을 다룬 이 영화는 제30회 선댄스 영화제에서 대상을 수상했으며, 토론토 영화제에서도 열렬한 환호를 받았다. 어찌 보면 잔혹하다고까지 할 수 있는 '미친 학생'과 '폭군 선생'의 학대극에 사람들은 왜 열광할까?

환호 속에 숨겨진 채찍보다 잔혹한 현대 자본사회

2014년 부산국제영화제에서 〈위플래쉬〉가 처음 상영되었을 때로 돌아가 보자. 마지막 10분은 숨쉬기조차 힘들 정도로 관객들이 영화에 빨려들어 집중한다는 느낌이 전해졌다. 엔딩 자막이 올라가자 관객들은 모두 기립박수를 치며 함성을 질렀다. 드럼은 스크린 속 앤드류가 치는데 내 몸속에서 하나, 둘 진액이 빠져나가는 것 같았다. 개봉관에서 다시 영화를 관람했을 때도, 수업시간에 학생들과 함께 영화를 몇 차례 봤을 때도 그들은

마치 자신이 주인공이 된 듯 천재 탄생에 열광했다. 모두가 어떤 특별한 경지, 인간이 혹독한 수련과정을 통해서만 다다를 수 있는, 한계를 초월한 그 순간을 끊임없이 동경하고 있다는 사실을 실감할 수 있었다. 일반 관객뿐만 아니다. 류승완 감독도 "지난해 질투를 느꼈던 영화 두 편 중 한 편이 〈위플래쉬〉였다"고 고백했으며, 이동진 영화평론가도 "J.K. 시몬즈의 탁월한 연기조차 〈위플래쉬〉가 거둔 빼어난 성취의 일부분에 불과"하다고 말했다.

늘 사회의 타자에게 굴복당하고 자기 자신을 꺾으며 근근이 살아가는 현대인들에게 자신의 자아가 무한히 확대되는 황홀경을 동경하는 것은 지극히 당연할지도 모른다. 극기를 통해 새로운 경지에 발을 디딘 드러머에 대한 흠모와 동경은 무모할 정도의 열정과 도전, 그리고 거대 자본사회에서 최고가 되고 싶은 동경과도 맥을 같이 한다. 그 경지에 오르기 위해서는 자신의 일상은 물론 건강과 인간관계까지 파괴당하는 것을 알면서도, 그들은 여전히 열광하는 것이다. 이것이 과연 옳은 것인가를 되묻기도 전에.

사제 간의 팽팽한 텐션

그래서일까? 영화평은 양극으로 나뉜다. 미래의 꿈을 위해 최선을 다하는 모습에서 용기를 얻었다는 입장과 목적을 위해 수단을 정당화하는 잔인함에 경기를 토했다는 입장이다. 모두 일리가 있는 평이다.

찰리 파커와 같은 전설적인 재즈 뮤지션을 발굴하려는 지도자, 천재가 되고 싶은 새내기 제자, 두 사람 사이의 텐션은 팽팽하고 탄력적이다. 플렛처 선생은 세상에서 가장 쓸 데 없는 말이 '잘 했어, 그만하면 됐어Good job' 라며 학생들을 몰아붙인다. 그는 '대충' 과 '적당히' 를 결코 봐주지 않는다. 앤드류는 천재적인 드럼연주를 통해 자신의 모든 명예를 회복하고 진짜 가치를 인정받아 사람들의 기억 속에 남으려는 야심을 품고 있다. 플렛처 교수의 무시무시한 교육방법이 그에겐 오히려 오기와 집념으로 불타게 했으며, 연인에게도 일방적인 이별을 통보하고 오로지 드럼에만 미친 듯이 몰두하게 한다. 한 마디로 그는 일상생활에서의 무능함과 보잘것없음을 오직 예술적인 영역을 통해 보상받고자 한 것이다. 그런 그의 야망이 플렛처의 광기와 부딪혀 음악 스릴러라고 해도 좋을만큼 긴장미를 연출한다. 앤드류가 〈위플래쉬〉를 연주하기 위해 주법인 '더블 타임 스윙' 을 플렛처 앞에서 연습하는 장면은 그야말로 살인마에게 쫓기는 것만큼 스릴이 넘친다.

또한 플렛처 교수의 폭언을 이용한 지도는 좌절과 오기를 넘어서 지독

한 광기를 이끌어낸다. 앤드류는 당근과 채찍질whiplash을 적절한 때에 적절한 방법으로 활용하는 플렛처 교수에게 길들여지고, 자기도 모르게 최고를 향한 집착으로 치닫게 된다. 이 과정에서 겪는 고통은 어떤 이에게는 한계를 뛰어넘게 하는 윤활유로, 또 어떤 이에게는 자기 파멸로 이끄는 필로폰이 될지는 엔딩 순간까지 예측불허다.

보통 스승과 제자 간의 이야기라고 하면 삐긋거려도 결국엔 훈훈한 사제간의 모습을 연출하는 해피엔딩이 일반적인데, 〈위플래쉬〉는 이런 선입견을 한방에 뒤집어버린다. 플렛처 교수의 교육 방식은 학생들의 잠재력을 일깨우는데 탁월하다고 볼 수도 있지만, 이러한 교육방식이 모든 학생들에게 적합하지는 않다는 것이다.

뺨을 후려쳐 박자를 맞추게 하고, 온갖 욕설과 치욕을 퍼붓는 교수에게 앤드류처럼 오기를 뿜어대는 학생이 있는 반면 반감을 갖거나 절망하는 학생들도 분명 존재하기 때문이다. 이처럼 앤드류와 플렛처 교수는 사회적으로 보면 모난 인간들이지만, 그 모든 것들이 음악에 대한 열정과 집착 때문이었다는 공통점을 가진다. 결국 앤드류와 플렛처는 서로에게 있어 더할나위 없는 적이지만, 동시에 그 누구보다도 서로의 세계관을 잘 이해하는 동지이기도 한 것이다. 이런 틀을 깨는 역설적인 사제관계는 〈위플래쉬〉만의 특별한 새로움이다.

둘의 연기 또한 명품이다. 마일즈 텔러는 손에서 피가 터질 정도로 드러머 앤드류와 혼연일체가 됨으로써 자신의 존재를 확실하게 관객들에게 각인시켜주었으며, J.K. 시몬스는 관객의 뒷통수를 망치로 한 대 때린 것 같은 충격적인 '플렛처 교수' 역을 자연스럽다 못해 뻔뻔스럽게까지 토해낸다. "영어로 된 제일 몹쓸 말이 뭔 줄 알아? 바로 굿 잡!(good job! 그만하면 됐어)이란 거야. 이 말 때문에 오늘날 재즈가 죽어가고 있는 거야." 플렛처 교수가 스크린 속에서 튀어나와 내게도 막 소리치는 것 같았다.

광기, 천재의 뒷모습, 그리고 엔딩

앤드류는 자신이 동경한 천재들, 즉 신의 경지에 오르기 위해서 자신의 모든 것을 버리고 드럼에 몰입한다. 그러한 노력과 열정이 도를 넘어 광기에 다다랐을 때 그것이 곧 천재적 재능이 되는 모습은 어떤 것 하나에 미쳐야 세상 사람들을 감동시킬 수 있다는 것을 온몸으로 느끼게 한다.

중요한 것은 이러한 광기에 가까운 몰입으로 신의 경지에 다다랐다 할지라도, 그것이 꼭 세상의 성공으로 이어지는 것은 아니라는 얘기를 이 영화가 말하고 있다는 점이다. 하지만 그들은 짧지만 신의 경지를 맛 보았고, 그것은 어떠한 '성공'과도 바꿀 수 없는 그 이상의 가치를 지닌다. 그들은 지상 최고의 우정을 연출한 것이다. 이것이 관객들을 스크린 속으로 몰입시킨 〈위플래쉬〉의 위대한 힘이다. 그래서일까? 앤드류와 플렛처는 연주가 끝나고서야 미소 짓는다. 그것을 무의식적으로 직감한 관객들도 기립박수를 치며 〈위플래쉬〉의 엔딩에 동참한다.

마지막으로, 이 영화에서 앤드류가 천부적인 재능을 타고 나지 않았다는 사실은 중요하다. 〈위플래쉬〉가 보여주고자 한 것은 천재에만 국한된 것이 아니라 평범한 우리들의 이야기이고, 인간의 과도한 열정과 집념이 광기와 집착으로 변질되어가는 현대 자본사회에 대한 경고이기 때문이다. 이처럼 〈위플래쉬〉는 우리에게 끊임없는 열정과 그 성과를 이야기하고 있지만, 실은 그 이면의 불행도 함께 보여주고 있는 것이다. 그래서 그들이 극한으로 치닫으면서까지 동경해마지 않는 '성공이란, 진정한 행복이란 대체 무엇인가' 를 관객들에게 자꾸만 되묻는 것이다. 그것들은 동전의 양면과 같아서 거대한 채찍이 되어 돌아올 수 있다는 것을.

손 정 순 _ more-son@hanmail.net

고려대학교 국문과 박사과정 졸업. 2001년 《문학사상》으로 등단. 시집으로 『동해와 만나는 여섯 번째 길』, 저서로 『흰 그늘의 미학, 김지하 서정시』 『목월 詩의 현대성』 등이 있음. 쿨투라 편집인, 숭의여대 겸임교수.

파벨 포리코브스키 감독

이다
Ida

감독/ 파벨 포리코브스키
출연/ 아가타 트르제부초우스카, 아가타 쿠레샤, 조안나 쿠릭
각본/ 파벨 포리코브스키, 레베카 렌키웍츠
촬영/ 루카즈 잘, 리스자르드 렌크제스키
음향/ 클라우스 린지
/ 크리스티안 에이드네스 앤더슨
편집/ 야로스와프 카민스키

이 영화에 이르러 그는 TV 브라운관을 연상시키는 4대 3 비율의 흑백 화면을 캔버스 삼아 붓질하듯 자유자재로 영화를 그려 간다. 많은 평론가들이 "잉마르 베리만을 연상시킨다."고 표현한 꽉 찬 구도다. 곧게 뻗은 길, 수직으로 높이 선 나무, 평평한 지평선 땅. 자로 잰 듯 견고하고 기하학적인 폴란드의 풍경 안에서 사람은 늘 비스듬하고 위태롭다. 카메라는 인물의 표정을 잡을 때도 내려다보거나 올려다보는 방식으로 사물과의 관계 속에서 심리를 드러낸다. 계단, 가구, 심지어 자동차 핸들까지도 뒤늦게 비극과 마주하는 사람의 위태로움을 반영하듯 화면 속 인물을 먹어 들어간다.

—본문 中

낯설고 황홀한 미학적 성취

— 파벨 포리코브스키 감독 〈이다〉

이태훈

지난 2015년 미국 오스카의 외국어 영화상 트로피는, 실은 후보작 중 어떤 영화에 주어지더라도 이상하지 않았을 것이다. 얼음처럼 차가운 러시아 영화 〈리바이어던〉이 있었고, 뜨거운 긴장과 분노로 팽팽한 아르헨티나 블랙 코미디 〈와일드 테일즈〉가 있었다. 멀리 아프리카 말리 영화 〈팀북투〉는 종교를 빙자해 저질러지는 추한 죄악조차 낙관과 유머로 바라보게 하는 미덕을 갖춘 작품이었다. 하지만 막상 수상작이 발표됐을 때, 트로피의 주인공은 1960년대 초의 폴란드를 배경으로 한 흑백 영화 〈이다Ida〉였다. 아카데미 외국어 영화상을 받은 최초의 폴란드어 영화. 아마도 이 영화를 본 사람이라면 별 이의 없이 아카데미의 결정에 고개를 끄덕였을 것이다. 아픈 역사와 얽힌 가족사의 비극과 맞닥뜨리게 된 한 폴란드계 유대인 견습 수녀의 이야기를 향해 전 세계로부터 쏟아진 찬사는, 그만큼 압도적이었다.

첫 모국어 영화를 만든 감독 포리코브스키

감독 파벨 포리코브스키(59)는 폴란드에서 태어났으나 영국에서 30년 넘게 살고 있다. 〈이다〉는 평생 대부분을 이방인으로 살아온 그가 처음으로 모국어인 폴란드어로 찍은 영화다. 영화는 그의 가족사와도 밀접한 관련이 있다.

바르샤바 대에서 영어를 가르쳤던 그의 아버지는 어린 파벨에게 나고 자란 폴란드의 문화와 역사를 존중하고 사랑하도록 가르쳤다. 아버지는 아들이 어른이 된 뒤에야 폴란드계 유태인이었던 할머니가 아우슈비츠로 끌려가 희생됐다는 사실을 알려줬다. 신심 깊은 가톨릭 신자였던 폴란드인 어머니의 영향으로 영세를 받은 파벨 포리코브스키에겐 커다란 충격이었다. 게다가 폴란드에서 그의 생활은 오래 가지 못했다. 유태인인 아버지는 어머니와 이혼한 뒤, 1960년대 폴란드의 반 유태적 사회 분위기를 견디지 못하고 쫓겨나듯 떠나야 했다. 영화 〈이다〉의 배경이 된 바로 그 시기다. 영화는 내용과 형식 모두 자로 잰 듯 예리하게 꽉 짜여 있지만, 포리코브스키는 한 인터뷰에서 "처음부터 의도한 것은 없으며 모두 현장에서 시행착오를 거치며 완성된 것"이라고 말했다. 어쩌면 이 영화는 느리게 스스로 움직이는 베틀처럼 그의 머릿속에서 오랜 세월을 거쳐 직조된 것일지도 모른다.

첫 번째 질문, "신神이 없다면?"

어쩌면 폴란드에서 온 이 흑백 영화를 압축하는 것은 영화 속 두 개의 질문일지도 모른다.

수녀원에 딸린 고아원에서 자라 정식 수녀 서원을 앞둔 안나(아가타 트르체부코브스카)는 한 번도 본 적 없는 피붙이 이모(아가타 쿠레샤)를 만나고 오라는 수녀원장의 명령에 처음 수녀원 밖으로 나선다. 이모는 공포정치 시대 '피의 완다'로 불렸던 베테랑 판사다. "사형 판결도 꽤 내렸지." "누구에게요?" "인민의 적들."

첫 질문은 이모로부터 온다. 이모는 부모 사진을 보여주며 말한다. "네 아빠는 하임 레벤슈타인. 엄마는 로자. 이런, 유태인 수녀라니." 견습 수녀 안나는 이모로부터 비로소 자신이 본래 유태인이고 본명은 '이다'이며, 부모는 유대인 말살 정책이 서슬 퍼렇던 독일 점령기에 이웃에게 살해됐음을 알게 된다. 처음 자신이 태어난 장소를 듣게 된 안나가 "시신이 묻힌 묘지라도 수소문해 찾고 싶다."고 말하자 이모는 냉소적으로 말한다. "묘지 같은 건 없어. 유대인들은 모두 숲에 묻히거나 버려졌지. 그러다 신이 없다는 걸 발견하면 어떻게 할래?'

선신善神이 틈입할 여지 따위 보이지 않는, 인간의 욕망과 증오가 빚어낸 추악한 비극과 맞닥뜨린 뒤에도 계속 신을 섬길 수 있느냐고 묻는 것이다. 어린 견습 수녀에게뿐 아니라 관객에게도 가혹한, 신과 역사에 관한 질문이다. 이 첫 번째 질문과 부딪힐 때, '안나'는 억울하게 죽어 간 유태인의 딸 '이다'가 된다.

두 번째 질문, "평범해질 수 있어?"

두 번째 질문은 낯선 남자로부터 온다. 이모와 함께 부모의 흔적을 쫓던 중 우연히 만난 떠돌이 밴드의 알토 색소폰 연주자. 저녁이면 견습 수녀복

차림으로 멀리서 밴드가 연주하는 미국 재즈를 들으며, 술과 담배에 빠져 몸을 비비는 인간 군상들 사이로 이 남자를 바라본다. "당신이 얼마나 매력적인지 모르죠?" 남자가 이런 말을 건넸을 때, 이다는 거울 앞에서 처음 머릿수건을 풀어 폴란드계 유태인의 특징인 붉은 머리를 밖으로 내어 놓는다.

집시의 피가 섞인 그와 하룻밤을 보낸 뒤, 남자는 이다에게 말한다. "그단스크에 공연이 있으니 함께 가요." 이다는 묻는다. "그 다음엔요?" "해변도 산책하고." "또 그 다음엔요?" "강아지를 한 마리 살까요? 결혼해서 아이도 낳고 다른 사람들처럼 평범하게 함께 살아요." 이다의 입가에 알 듯 모를 듯 가벼운 미소가 실린다. 이모는 수녀가 되겠다는 이다에게 "해보지도 않은 걸 어떻게 버릴 수 있느냐."고 물었었다. 평생 신神의 신부新婦로 살아갈 줄 알았던 '안나' 에게, '지금 여기' 가 아닌 '다음' 을 묻는 건 처음 맞닥뜨리는 인간의 욕망에 관한 질문으로 다가온다.

낯설고 황홀한 미학적 성취

영화 〈이다〉 이전, 감독 포리코브스키는 잉글랜드 요크셔의 시골 마을을 배경으로 풋풋한 에밀리 블런트를 등장시켰던 영화 〈사랑이 찾아온 여름My Summer of Love, 2004〉으로 기억됐었다. 이 영화에 이르러 그는 TV 브라운관을 연상시키는 4대 3 비율의 흑백 화면을 캔버스 삼아 붓질하듯 자유자재로 영화를 그려 간다. 많은 평론가들이 "잉마르 베리만을 연상시킨다."고 표현한 꽉 찬 구도다. 곧게 뻗은 길, 수직으로 높이 선 나무, 평평한 지평선 땅. 자로 잰 듯 견고하고 기하학적인 폴란드의 풍경 안에서 사람은 늘 비스듬하고 위태롭다. 카메라는 인물의 표정을 잡을 때도 내려다보거나 올려다보는 방식으로 사물과의 관계 속에서 심리를 드러낸다. 계단, 가구, 심지어 자동차 핸들까지도 뒤늦게 비극과 마주하는 사람의 위태로움을 반영하듯 화면 속 인물을 먹어 들어간다.

포리코브스키는 또 신중하고 효과적으로 빛을 사용한다. 집요하게 빛과 구도를 탐닉했던 베르메르 같은 네덜란드 화가들을 떠올리게 하는 솜씨다. 무표정했던 인물들이 감정의 변화를 내비칠 때, 욕실의 창문으로, 마굿간의 스테인드글라스로, 열린 문틈으로 스며드는 빛은 화면의 팽팽한 긴장감을 최대치까지 끌어 올린다. 폴란드의 아픈 역사와 무관한 관객도 마음을 뺏길 수밖에 없는, 영화가 이뤄 낸 놀라운 미학적 성취다.

부모가 묻힌 곳을 찾아가는 견습 수녀 이다의 여정 끝에서, 관객은 생각했던 것보다 더 참혹한 진실과 맞닥뜨리게 된다. 모든 기대는 통쾌하게 깨져 나가고, 예상치 못한 비장함이 직접 심장을 찔러 온다. 길지 않은 82분의 러닝 타임 동안 무게 있는 질문과 대답이 체스 말을 주고받듯 정교하게

녹아들지만, 영화는 윽박지르는 법 없이 정갈하다.

'안나' 혹은 '이다' 의 눈동자는 잉크를 빨아들인 백지처럼 영화 막바지로 갈수록 더 크고 검어진다. 벽에 고정된 그림처럼 완고하던 화면의 구도는 다시 수녀복을 입은 '이다' 의 마지막 발걸음에 이르러서야 그 움직임을 따라 흔들리기 시작한다. 그 흔들림에 동참할 때, 관객은 비로소 어린 이다의 내면에 울리는 깨달음에 연결된다. 낯설고 황홀한 경험이다.

이 태 훈 _ libra@chosun.com

《조선일보》 문화부에서 종교, 미술, 영화를 담당했음. 현재 《조선일보》 미래기획부 기자.

인사이드 아웃

감독/ 피트 닥터
목소리 출연/ 에이미 포엘러,
스 스미스, 민디 캘링, 빌 헤이더,
루이스 블랙, 케이틀린 디아스
각본/ 마이클 안트
원작/ 피트 닥터
음악/ 마이클 지아치노
미술/ 랠프 에글레스톤, 버트 베리

피트 닥터 감독

20년 전 픽사 스튜디오의 첫 번째 작품인 〈토이 스토리〉를 볼 때 느꼈던 경험을 〈인사이드 아웃〉을 보면서도 비슷하게 했다. 〈토이 스토리〉를 보며 웃기도 하고 눈물도 흘렸던 청년이 성장을 했고 어느덧 아빠가 되어 〈인사이드 아웃〉을 보면서 또다시 웃음과 눈물을 터뜨렸다. 그리고 그 웃음과 눈물을 자양분삼아 이제 아빠로서 더 성장하고자 한다. 아이들의 성장 못지않게 아빠의 성장도 자연스럽게 받아들여질 수 있도록.

—본문 中

슬픔을 통해서도 성장하는 아이, 아이를 통해 성장하는 부모

— 피트 닥터 감독 〈인사이드 아웃〉

설규주

라일리의 행복을 향해 존재하는 감정들

〈인사이드 아웃〉의 열한 살 소녀 라일리가 갓 태어나서 처음 들은 말은 엄마와 아빠의 사랑이 가득 담긴 축복이었다. "안녕, 라일리. 네가 태어나서 정말 기뻐."라는 말은 라일리가 세상에서 처음으로 저장해 놓은 사랑스러운 기억이다. 엄마, 아빠의 기쁨을 한껏 느끼며 태어난 라일이의 마음을 주도하는 것은 기쁨이다. 그래서 라일리에게는 행복한 기억이 많다.

라일리를 즐겁게 해주고 싶은 욕구로 가득 찬 기쁨이는 두말할 것도 없고 소심이, 까칠이, 버럭이도 모두 라일리의 행복을 위해 존재한다. 소심이는 라일리가 넘어지거나 다칠 수 있는 상황에서 라일리를 조심시킴으로써 그녀를 보호한다. 까칠이는 라일리가 싫어하는 음식이나 나쁜 친구로부터 라일리를 지켜 준다. 버럭이는 라일리에게 공정하지 않은 상황을 보

면 못 참는다. 나서기만 하면 라일리를 우울하게 만드는 슬픔이조차도 라일리가 잘 되고 행복하기를 바란다.

행복이 뭐길래…

누군가가 우리의 행복관幸福觀이 무엇이냐고 물어본다면 뭐라고 답을 할 수 있을까. 사람마다 다소 차이는 있겠지만, 아마도 그 답 속에 주로 즐거움, 만족 등과 같은 표현이 많이 등장할 것이다. 행복은 사전적으로는 '생활에서 기쁨과 만족감을 느껴 흐뭇한 상태' 를 가리킨다. 기쁨, 만족감, 흐뭇함 등과 같은 표현을 통해서 알 수 있듯이, 사전 속 행복의 뜻 속에서는 우리 마음의 밝고 긍정적인 측면이 부각된다. 이것은 일반 사람들이 바라보는 행복에 대한 시선과 크게 다르지 않을 것이다. 어쩌면 가장 일반적이고 보편적으로 받아들여지는 의미를 사전이 담고 있는 것인지도 모른다.

라일리의 마음 속 기쁨이가 바라보는 행복도 이와 다르지 않은 것 같다. 라일리가 샌프란시스코에서 처음 학교에 가는 날, 기쁨이는 슬픔이를 '슬픔의 원' 안에 고정시켜 놓으려고 한다. "(슬픔이) 네가 할 일은 모든 슬픔을 이 원 안에 넣어 두는 거야." 기쁨이는 라일리가 명랑한 모습으로 첫 학교생활을 맞이하고 자기소개도 잘할 수 있도록 애쓰지만, 어느 순간 슬픔이는 원 밖으로 나와서 기억을 건드리고 그와 동시에 라일리는 슬픔을 느낀다. 슬픔이가 라일리의 기억을 파란색, 즉 슬픔이를 상징하는 색깔로 변하게 한 것은 슬픔이의 실수나 고의가 아니라, 바로 그 시점이 라일리가 슬픔을 느낄 수밖에 없는 때였기 때문일 것이다.

아무리 과거의 좋은 기억을 떠올려 보고 좋은 쪽으로 생각을 해 보려고 해도 미네소타에서의 행복했던 기억은 아직 생생한 반면, 샌프란시스코라는 곳은 여전히 낯설기만 한 그 시점에 라일리는 그냥 슬퍼졌을 뿐이다. 이것은 기쁨이가 라일리를 즐겁게 해 주려고 애쓰거나 슬픔이를 원 안에 가두어 둔다고 해서 해결할 수 있는 문제가 아니다. 그럼에도 불구하고 라일리의 머릿속 감정들은 여전히 기쁨이가 있으면, 기쁨이가 이끌어 주면 라일리가 행복할 수 있을 거라고 생각한다. 슬픔이의 생각도 이와 다르지 않다.

긍정의 힘?

기쁨이는 일종의 '긍정 전도사'라고 불릴 만하다. 샌프란시스코의 새 집으로 이동하는 길이 막혀서 시간이 많이 걸려도 "그래서 더 좋았잖아. 덕분에 우리가 살 집에 대해 생각해 볼 시간을 갖게 되었으니까."라고 말하

며 애써 좋은 점을 찾아본다. 집의 외관이 실망스러우면 "아마 집안은 근사할 거야."라고 위로한다. 집안이 지저분하고 냄새를 풍기면 "나비 커튼을 달면 좋아질 거야. 집을 꾸미면 재미있을 거야."라고 분위기를 전환시키려고 한다. 눈으로 확인할 수 있는 상황이 점점 나빠져 감에도, 기쁨이는 밝은 면을 보려고 노력한다. 핵심 기억을 건드린 슬픔이가 스스로 뭔가 잘못 됐다고 자책을 할 때에도 기쁨이는 나쁜 쪽으로 생각하면 안 된다고 슬픔이를 타이른다. 자꾸만 좋은 쪽으로 생각해 보라고, 그래야 즐겁다고 말한다.

그런데, 과연 그럴까? 홍길동이 아버지를 아버지라 부르지 못해서 스트레스를 받았듯이, 만약 우리 마음이 슬픈 것을 슬프다고 하지 못한다거나 싫은 것을 싫다고 하지 못한다면, 더 나아가 싫은 것이든 슬픈 것이든 모두 좋다고만 해야 한다면 그것을 가리켜 건강하거나 자연스러운 마음 상태라고 하기는 어려울 것이다.

우리 주위를 둘러보면 긍정적인 말과 마음에 대한 예찬이 넘친다. 10여 년 전에는 긍정과 관련한 책이 불티나게 팔린 적이 있었고, 지금도 긍정 열풍은 여전하다. 긍정적인 마인드를 강조하는 책은 늘 자기 계발서 베스트셀러의 상위권을 차지하고 TV 아침 프로그램에서도 긍정의 효과에 대한 찬사가 쏟아진다. 영어 공부를 할 때에도 "Look at the bright side of

things. [세상의 밝은 면을 보라.]"는 말이 자주 등장한다.

우리는 자신의 감정을 있는 그대로 드러내거나 타인의 감정을 있는 그대로 받아 주기보다는 스스로에게 혹은 타인에게 늘 괜찮다고, 늘 긍정적으로 바라보라고 암시하거나 권하고 있지는 않은가. 라일리의 엄마는 샌프란시스코로 이사를 한 직후 어수선하던 시기에 라일리가 계속 웃는 얼굴을 보여 주어 고맙다고 하면서 앞으로도 그렇게 해 줄 수 있는지 물어본다. 우리는 이렇게 긍정적인 (것으로 보이는) 상태를 칭찬하고 격려하면서 아이들에게 어른들을 이해해 줄 수 있는 착한 마음과 인내를 은근히 요청하는 건 아닐까? 원래는 한번쯤 짜증을 부려 보려고 했던 라일리는 이 말을 듣고 마음을 바꾸어 엄마가 듣고 싶어 하는 말을 하고 만다. 타인의 기대에 맞추어 '긍정'을 표현하느라, 건설적인 의미에서의 '부정'을 해볼 수 있는 기회를 놓쳤다.

라일이의 진짜 속마음은 하키 입단 테스트에서 실수를 했을 때, 하키 스틱과 헬멧을 집어 던지며 했던 말 속에 들어 있다. (실수했어도) 괜찮다고 말하는 엄마에게 "괜찮다는 말 좀 그만하세요."라고 대꾸한다. 물론 라일리는 실제로 결국은 괜찮아질 것이고 당시 현장에서 엄마 입장에서 으레 해 줄 수 있는 말이 '괜찮다' 였겠지만, 어떤 상황에서는 당사자의 감정을 있는 그대로 표현하게 하고 그것을 받아 주며 감정을 추스를 시간을 주는 것도 필요하다. 연인이나 부부가 한바탕 싸우고 나서 화해를 했다고 해서, 마치 둘 사이에 아무 일도 없었던 것처럼 그들의 감정이 원상태로 금방 회복되는 것이 아니라 그 과정에서 어느 정도의 시간이 필요한 것처럼 말이다. 완전히 새로운 환경에서 생활해야 하는데다가 사춘기를 겪으면서 엄마, 아빠에게서 독립하는 법을 조금씩 배우기 시작하는 시점의 라일리에게는 이른바 '긍정의 힘' 이 그대로 작동하기는 어려울 수 있다. '긍정의 힘' 은 만고불변의 보편적 진리가 아니라 맥락적으로 적용 가능한 것이기 때문이다.

슬픔에도 힘이 있다

사실 기쁨이는 슬픔이를 그리 소중하게 생각하지 않았다. 기쁨이가 보기에 라일리를 울리거나 우울하게 하는 일 외에 슬픔이가 하는 일도 딱히 없는 것 같았다. 심지어 기쁨이는 "라일리는 꼭 행복해야만 해."라고 하면서 슬픔이를 남겨 두고 혼자서만 감정 본부로 돌아오려고까지 했다. 기쁨이에게 슬픔이는 라일리의 행복에 도움이 되지 않거나 오히려 방해되는 존재로 느껴졌을 수 있다.

즐겁고 긍정적인 것이 행복의 전부라고 생각했던 기쁨이는 점차 슬픔이의 진가를 발견한다. 라일리의 상상 속에만 존재하는 빙봉이 노래 엔진으로 움직이는 로켓을 잃어버리고 좌절해 있을 때 기쁨이는 여러 가지 방법으로 빙봉을 즐겁게 해 주려고 노력하지만 모두 실패한다. 반면, 슬픔이는 "로켓이 사라져서 속상하지? 네가 사랑하는 걸 가져가다니…."라고 말한다. 기쁨이는 그렇게 하면 빙봉이 더 힘들어 할 거라고 말했지만, 결과는 반대였다. 빙봉은 슬픔이를 껴안고 잠시 울고 나서 "나 이제 괜찮아."라고 말하며 훌훌 털고 일어난다. 슬픔이는 기쁨이처럼 빙봉을 위로하려고 화려하게 혹은 요란하게 노력하지도 않았다. 그저 빙봉의 이야기를 들어주고 공감해 준 것 뿐이다. 기쁨이와 슬픔이는 각자 자신의 방식대로 빙봉의 마음을 풀어 주려고 했는데, 빙봉이 처한 상황에서는 결과적으로 슬픔이의 방식이 더 효과적이었다. 기쁨이는 슬픔이가 빙봉과 함께 웃어 주거나 즐겁게 해 준 것이 아니라 그냥 같이 슬퍼했는데 어떻게 빙봉의 마음이 풀릴 수 있는지 의아해 하지만, 그게 바로 슬픔이 가진 묘한 능력이다.

라일리가 행복하기만을 바랐지만, 더 이상 감정 본부로 돌아갈 수 없음을 알게 된 기쁨이는 라일리의 어린 시절에 대한 옛 기억들을 끌어안고 눈물을 흘린다. 항상 밝고 명랑한 기쁨이에게 눈물은 낯설다. 이 눈물은 기쁨의 눈물이 아니라 슬퍼서 나오는 눈물이기 때문이다. 기쁨이가 흘리는 슬픔의 눈물은 일종의 형용모순처럼 기쁨이에게는 어울리지 않는 것이다. 그런데 바로 그렇게 슬픔의 눈물을 흘려 가면서 기쁨이가 알게 된 것은 라일리에게는 자신뿐 아니라 슬픔이가 꼭 필요하다는 사실이었다. 즐거운 기억의 이면에 숨겨져 있는 슬픈 기억이 오히려 진짜 기억이었음을 깨닫게 된 것이다.

가출하려던 라일리는 집에 돌아와 마음껏 슬퍼한다. 그러면서 그동안 착한 딸, 긍정적인 딸의 모습을 보여주느라 참았던 말을 마침내 쏟아 낸다. 그저 그리운 것을 그립다고, 보고 싶은 것을 보고 싶다고 말한다. 슬프

니까 슬프다고 말한다. 이에 대해 엄마가 라일리의 마음을 받아 주고 아빠가 "사실은 아빠도 미네소타가 그리워."라고 화답하면서 라일리의 슬픔은 진정이 된다. 그리고 편안한 미소와 함께 라일리의 마음이 치유되는 것을 확인할 수 있다. 라일리는 새로운 환경에서의 생활이 조만간 괜찮아질 거라는 말을 듣기보다는 자신의 슬픈 마음을 그냥 털어 놓고 싶었을 뿐이다. 기쁨이가 아닌 슬픔이가 빙봉의 마음을 치유했던 것처럼, 라일리의 마음도 긍정이나 낙관이 아닌 슬픔을 통해 회복되었다. 긍정뿐 아니라 슬픔도 힘을 가지고 있는 것이다.

감정 본부의 리더는 누구?

라일리의 감정 본부는 기본적으로 기쁨이가 이끌어 왔다. 라일리의 엄마는 슬픔이가, 라일리의 아빠는 버럭이가 일종의 리더 역할을 맡고 있다. 어쩌면 라일이의 엄마, 아빠도 어린 시절에는 기쁨이가 주도했을지 모른

다. 일반적인 경우에 아이들의 마음은 기쁨이가 주도할 수 있을 것 같다. 그러다가 시간이 흐르고 이른바 '인생의 쓴맛 단맛'을 두루 경험하면서 다른 감정에게 종종 리더 자리를 내어 주게 되는 것은 아닐까. 그리고 어느 순간 리더 자리마저 아예 넘기게 되는 것은 아닐까.

라일리도 사춘기를 지나면서 처음으로 슬픔이에게 감정 본부를 내맡겨 보는 경험을 해 본다. 어쩌면 라일리 앞에 놓인 더 많고 다채로운 삶을 경험하면서 슬픔이뿐 아니라 버럭이, 까칠이, 소심이의 역할도 지금보다 더 커질 수 있을 것이다. 예컨대 누군가와 사귀다가 헤어지면서 세상이 무너지는 듯한 슬픔을 경험하고 나면 한동안 슬픔이가 감정 본부를 압도할 것이고, 자동차 운전을 하면서 예고 없이 끼어드는 무개념 차를 보게 되면 버럭이가 맹활약하기도 할 것이다. 어른이 되어 간다는 것은 어쩌면 이처럼 감정들 간의 상호작용과 역학 관계가 복잡해져 가는 것은 아닐까?

유쾌한 것 같은데 왜 눈물이 날까

〈인사이드 아웃〉은 밝고 발랄한 기쁨이의 해설로 시작하고 마무리된다. 우리 머릿속에서 일어나는 일에 대한 재미있는 비유와 상상력으로 표현된 장면들을 볼 때면 절로 미소가 지어진다. 어떤 감정 요소가 주도하느냐에 따라 라일리, 엄마, 아빠의 행동이나 말이 달라지는 모습, 우리가 기쁨이나 슬픔을 느낄 때 혹은 짜증이나 두려움을 느낄 때 아마 머릿속에서는 저런 일이 일어나겠거니 할 만한 장면 등은 웃음과 감탄을 자아낸다.

그런데 이 영화를 보면서 마냥 웃기만 하지 못하고 울컥 눈물이 나는 것은 왜일까. 아마도 어쩌면 우리 기억 속에서 사라져 가는 것들에 대한 아쉬움과 그리움 때문이 아닐까 싶다. 라일리가 관심을 많이 갖지 않는 기억은 어느덧 구슬의 색깔이 바래지면서 마침내 버려지기도 하고 바람에 날려 가 버리기도 한다. 우연히 발견한 초등학교 시절에 썼던 낡은 일기장을 펼쳐 보면 비뚤어진 글씨체에 허접하기 짝이 없는 내용을 보며 킥킥거리기도 하지만, 어느덧 까맣게 잊어 버렸던 옛날 자신이 소중하게 여겼던 장난감, 책, 습관, 친구들 등으로 인해 울컥 하는 감정을 느끼기도 한다. 초등학교 시절에 누구를 만났고 무슨 책을 읽었고 무얼 하며 놀았는지에 대한 기억은 물론, 내가 과거에 초등학교를 다녔던 것조차도 잊어버리고 산다. 초등학교 시절에 대한 우리의 기억 대부분은 녹슨 구슬이 되고 버려져, 빙봉이 결국 빠져 나오지 못했던 수많은 구슬들 무더기 속 어딘가에 파묻혀 있을 것이다. 그게 슬픈 것이다.

사라져 가는 기억에 대한 아쉬움은 우리 자신에게만 해당되는 것이 아니다. 더 어린 시절의 어느 한때 즐겨 썼던 단어, 한때 즐겨 했던 놀이나 노래, 한때 즐겨 찾던 장난감 등을 어느 순간 시시하게, 유치하게, 어색하게 여기더니 시간이 좀 더 흐르면 아예 그 이름조차 떠올리지 못하는 모습을 커 가는 아이들에게서도 발견할 수 있다. 사실 그것은 아이들의 자연스러운 성장 과정인 만큼 흐뭇하게 생각할 수도 있을 터이지만, 다른 한편으로는 그 모습이 이제 다시 실제로는 접할 수 없는 추억이 된다는 점에서 슬픔을 느끼기도 하다. 아이들이 어린 시절에 하던 우스꽝스러운 행동을 더 이상 하지 않을 때, 즉 엉뚱섬이 점점 작아질 때, 어린 시절 아기자기하고 아름다웠던 성격 섬들이 하나하나 무너져 간다고 생각할 때, 그것들과 이별해야 한다고 생각할 때 느끼는 슬픔은 결코 작지 않다.

아이들의 성격섬을 바라보는 아빠의 마음

이 단락에서 나는 가능한 한 객관적으로 글을 쓰려는 노력을 잠시 내려놓고, 아빠로서 〈인사이드 아웃〉을 보면서 느낀 바를 일종의 수필처럼 적어 보려고 한다. 라일이의 마음속에 자리 잡고 있던 우정섬, 하키섬, 엉뚱섬, 가족섬, 정직섬 등이 우리 아이들에게도 있다면 그것은 무엇이고 어떤 모습일까...

우정섬에 들어 있을 만한 친구들의 이름이 떠오른다. 때로는 아이들이 아빠, 엄마보다도 더 끔찍하게 아끼는 친구들이 있다. 이제 더 이상 아빠랑 결혼하겠다는 말은 하지 않는다. 이러한 모습을 서운해 하기보다는 '우정섬이 잘 돌아가고 있구나.' 라고 생각하면 될 일이다. 아마도 머지않아 아이들의 우정섬은 가족섬보다 훨씬 더 커질 것이다.

라일리에게 하키가 소중했던 것처럼, 우리 아이들이 섬 하나를 만들 정도로 소중하게 여기는 것은 무엇일까. 아마 '공주섬' 한 개 정도는 있지 않을까 싶다. 디즈니의 많은 공주들이 모두 그 공주섬에 한데 모여 아이의 호출을 기다리고 있을 것만 같다. '토리섬' (토리: 둘째 아이가 밤이나 낮이나 늘 데리고 다니는 외계 동물 인형)도 빙빙 잘 돌아가고 있을 것 같다. 애니메이션 섬도 상당히 거대하게 만들어져 있을 것 같다. 뽀로로부터 시작해서 타요, 폴리, 카봇, 또봇, 터닝메카드, 미니특공대 등으로까지 이어져 온 매우 빠른 확장 속도로 볼 때 애니메이션 섬은 당분간 계속 커질 것으로 예상된다.

아침에 출근할 때마다 아이들과 주고받는 장난스러운 '퍼포먼스' 나 침대 위에서 함께 뒹굴며 노는 모습은 아마도 엉뚱섬에 들어 있을 것 같다. 아마 시간이 좀 더 지나면 아이들은 출근하는 아빠를 위해 보여주는 퍼포먼스를 더 이상 하지 않을 것이다. 어느 시점이 되면 아이들이 먼저 그걸 어색해 할 것이고, 아이들이 어색해 하는 모습에 나 역시 어색함을 느끼게 될 것이다. 더 많은 시간이 흐르면 엉뚱섬은 어쩌면 사라지거나 아니면 다른 것으로 채워질 것이다.

무엇보다도 아이들의 가족섬에는 어떤 모습이 형상화되어 있을지 궁금하다. 가족사진을 찍었을 때의 모습, 동물원을 거니는 모습, 놀이터에서 노는 모습, 함께 밥을 먹는 모습, 모두 한 침대에 누워 있는 모습 등 가족과의 수많은 경험 중에서 아이들이 가장 소중하게 여기는 것은 무엇일까. 그리고 앞으로는 거기에 무엇이 채워질까. 튼튼한 가족섬과 함께 아직은 견고하게 돌아가고 있는 정직섬도 언젠가는 균열이 생기고 시련을 겪을 것이다.

이 모든 것은 아이들이 커 가며 나타나는 지극히 정상적인 모습이다. 커 가는 것은 아이들만이 아니다. 아빠도 커 간다. 아이들의 변화를 당연한 것으로, 자연스러운 것으로 받아들여야 한다는 것을, 그리고 그 과정이 연착륙으로 이어지도록 하기 위해 아빠로서 해야 할 일이 있다는 것을 배운다. 20년 전 픽사 스튜디오의 첫 번째 작품인 〈토이 스토리〉를 볼 때 느꼈던 경험을 〈인사이드 아웃〉을 보면서도 비슷하게 했다. 〈토이 스토리〉를 보며 웃기도 하고 눈물도 흘렸던 청년이 성장을 했고 어느덧 아빠가 되어 〈인사이드 아웃〉을 보면서 또다시 웃음과 눈물을 터뜨렸다. 그리고 그 웃음과 눈물을 자양분삼아 이제 아빠로서 더 성장하고자 한다. 아이들의 성장 못지않게 아빠의 성장도 자연스럽게 받아들여질 수 있도록.

설 규 주 _ qzoos@hanmail.net

서울대학교 사회교육과 학사, 석사, 박사 졸업. 현재 경인교육대학교 사회교육과 교수. 문화와 미디어에 관심을 가지고 연구하고 있음.

킹스맨

감독/ 매튜 본
견/ 콜린 퍼스, 태런 에저튼, 사무엘
L. 잭슨, 마이클 메인, 마크 스트롱
각본/ 제인 골드만
촬영/ 조지 리치몬드
음향/ 대니 시한, 매튜 콜린지
음악/ 헨리 잭맨, 매튜 마게슨
집/ 콘래드 버프 4세, 에디 해밀턴,
존 해리스

매튜 본 감독

정체성이 뒤바뀌는 이야기를 다룬 영화는 적지 않다. 영화는 그 사실을 충분히 알고 있다. 해리하트는 에그시에게 일련의 영화 제목들을 쏟아 낸다. 〈대역전〉, 〈니키타〉, 〈프리티 우먼〉…. 에그시는 〈마이 페어 레이디〉로 화답한다. 이 영화들의 목록은 모두 인간이 어떻게 '비포'와 '애프터'로 극명하게 뒤바뀔 수 있는지를 보여준다. 이제 에그시는 타자의 요청과 자신의 의지를 뒤섞어 스스로 정체성을 뒤바꾸면서 아버지를 이어 세상을 구할 영웅이 된다.

— 본문 中

‘스타일’로 완성되는 트랜스 아이덴티티

— 매튜 본 감독 〈킹스맨 : 시크릿 에이전트〉

임대근

우리는 이미 알고 있다. 이 영화가 해피엔딩으로 끝나리라는 것을. 주인공은 두말할 나위 없이 자기에게 주어진 임무를 완수할 것이며, 영웅으로 남을 것이다. 만일 우리의 예측과 다른 결론이 제시된다면 그건 참을 수 없는 고통이 될 것이다. 관객을 고통스럽게 하는 결말은 이런 장르에 어울리지 않는다. 관객은 자신이 지불한 영화 티켓에 대해 적절한 보상을 받기 원한다. 그러므로 영화는 결말이 어떻게 마무리되는가 하는가 하는 문제보다 거기에 이르게 되는 과정이 더 중요해진다. 두 시간 남짓 스크린을 지켜야 하는 이유가 성립된다.

세상에는 언제나 위기가 닥친다. 위기는 해결돼야만 한다. 비범한 인물이 필요하다. 위기를 조장하는 이들과 위기를 해결하려는 이들의 대결, 위기로 인해 무고하게 희생당하는 이들이 있다. 이야기를 끌고 나가는 위기

는 리치몬드 발렌타인이라는 억만장자의 아이디어에서 비롯된다. 세상에 인간이 '너무' 많아 생태계가 파괴되고 있으니 인간 개체 수를 줄임으로써, 살기 좋은 지구를 만들자는 것이다. 막대한 부를 배경으로 세계 주요 권력자들과도 스스럼없는 관계를 맺는 그는 오늘날 인간이 가장 환호하고 있는 발명품 휴대폰의 유심을 제공하고, 전파를 조정함으로써 그들 서로가 죽고 죽이는 장면을 연출한다.

위기는 인간이 추구한 편리한 세상이라는 꿈에서 비롯된다. 커뮤니케이션의 최전선에 서 있는 휴대폰은 더 이상 그저 상대와 나를 일대일로 연결

해 주던 소박한 전화가 아니다. 언제 어디서든, 전 세계 누구와도 소통할 수 있는 가공할 장치가 되었다. 커뮤니케이션의 양적 폭발로 인해 소통을 갈구하던 인간에게는 질적 변화가 찾아왔다. 그러나 질적 변화는 발렌타인과 같은 빅브러더에 의해 한 순간에 불통을 위한 소통, 상호 파괴를 위한 소통이라는 반대 방향으로 뒷걸음치기 시작했다. 세상의 길이 열린 곳에서 저마다의 방향으로 폭력이 질주하게 되었다.

비범한 인물은 원래부터 존재했던 게 아니다. 그는 언제나 만들어진다. 여러 단계의 위기와 시험이 그 앞을 가로막는다. 그는 주어진 허들을 뛰어넘어야만 세상을 구할 자격을 얻는다. 그에게 닥친 위기는 단계별로 상승

한다. 결코 처음부터 세상을 구하라는 무지막지한 명령이 주어지는 것은 아니다. 낮은 허들을 넘어설수록 그 높이는 조금씩 더 높아진다. 에그시는 그렇게 허들을 뛰어넘으며 세상을 구할 인물로 바뀌어 가게 된다.

전 세계 부호들의 선의로 만들어진 비밀 정보 조직 '킹스맨'. 어떤 국가나 정부 기관의 간섭으로부터도 자유로운 민간 조직이다. 에그시의 아버지는 18년 전 서남아시아 작전에서 베테랑 요원 해리하트를 살리기 위해 수류탄을 막아서다 죽는다. 에그시는 똑똑하고 건강한 청년으로 성장한다. 그러나 그 사이 폭력을 일삼는 동네 건달 두목인 의붓아버지를 갖게 됐다. 에그시에게 주어진 첫 번째 위기는 동네 건달들을 퇴치하는 일이다.

싸움 끝에 경찰서에 갇힌 그의 앞에 해리하트가 나타난다. 첫 번째 위기는 상사를 위해 희생한 아버지 덕분에 벗어난다.

세상에는 친구를 위해 희생할 만큼 정의로운 아버지가 있는가 하면, 동네 건달 두목이 되어 아들을 후려 패려는 아버지도 있다. 권력은 언제나 존재하지만, 권력 자체가 선한 것은 아니다. 그것은 때로는 선한 모습으로, 때로는 악한 모습으로 나타난다. 악한 권력에 맞서 싸우는 일은 개인의 힘만으로는 불가능할 때가 있다. 해리하트라는 제도와 네트워크의 힘이 아니었다면 에그시는 첫 번째 위기를 탈출하지 못했을 것이다. 그러나 에그시는 건달 아버지에게 자신을 구해 준 사람이 누군지 끝까지 말하지 않음으로써 위기 탈출을 완성한다. 개인의 의지가 함께 해야만 가능한 일이다. 첫 번째 위기의 탈출이야말로 에그시의 삶이 변화하게 되는 가장 중요한 모티프가 된다.

킹스맨 요원 훈련에 참여하게 되는 에그시. 그는 이제 비범한 인물로 바뀔 준비가 되어 있다. 이 영화의 가장 중요한 메시지는 해리하트가 에그시에게 킹스맨 후보를 제안하는 과정에 등장한다. "내 말은, 그동안 가진 것 없이 뒷골목을 전전해 왔지만 바뀌고 배울 의지만 있다면 새 사람이 될 수 있지." 그는 트랜스폼transform이란 단어를 쓴다. 해리하트는 에그시를 거울 앞으로 데려가 그의 모습을 스스로 보게 하면서 이렇게 말한다. 이 장면이야말로 에그시의 정체성을 뒤바꾸기 위한 핵심적인 영화의 고리이다.

정체성 전환, 그러니까 트랜스 아이덴티티trans-identity의 가능성을 위해 에그시에게는 현재 정체의 확인 과정이 반드시 필요했다. 그 과정은 킹스맨의 양복점 거울 앞에서 이뤄진다. 껄렁한 모자에 점퍼, 청바지를 입고 있는 에그시와 멋진 젠틀맨의 수트가 대비되면서 그의 정체성 전환이 암시된다. 세상을 구할 비범한 인물로의 전환은 이렇게 분명한 표상과 더불어 찾아와야만 한다. 슈퍼맨과 배트맨이 자신들만의 전용 복장을 착용하는 건 우연한 일이 아니다. 옷을 바꿔 입지 않으면, 정체성이 변화하지 않기 때문이다. 〈킹스맨〉에서는 젠틀맨의 수트가 정체성 전환의 표상이 된다.

정체성이 뒤바뀌는 이야기를 다룬 영화는 적지 않다. 영화는 그 사실을 충분히 알고 있다. 해리하트는 에그시에게 일련의 영화 제목들을 쏟아 낸다. 〈대역전〉, 〈니키타〉, 〈프리티 우먼〉…. 에그시는 〈마이 페어 레이디〉로 화답한다. 이 영화들의 목록은 모두 인간이 어떻게 '비포'와 '애프터'로 극명하게 뒤바뀔 수 있는지를 보여준다. 이제 에그시는 타자의 요청과 자신의 의지를 뒤섞어 스스로 정체성을 뒤바꾸면서 아버지를 이어 세상을 구할 영웅이 된다.

정체성 전환의 과정은 순조롭지 않다. 꽤 고통스럽다. 훈련 과정에서 만난 후보 요원들과 출신 성분을 놓고 벌이는 설전, 후보 요원의 익사, 군사 훈련을 방불케 하는 혹독한 훈련이 계속된다. 과제 해결을 위한 창의적 사고는 물론 불가피한 양자택일 상황에서 윤리적 선택을 강요받는다. 그러나 그가 '킹스맨' 이 될 수 있는 순간은 결국 자신에게 정체성 전환을 제시했던 리더 해리하트가 위기를 해결하지 못하고 사라진 곳에서 시작된다. 영웅의 부재는 새로운 영웅을 필요로 하고 권력의 부재는 새로운 권력을 요청한다. 에그시는 그렇게 새로운 수트와 더불어 킹스맨이 된다.

대중적인 힙합 스타일의 옷을 입은 악당은 수트를 차려 입은 '킹스맨' 과는 대립 점에 서게 된다. 독창적 악당의 스타일은 킹스맨 에그시를 상대적으로 돋보이게 하려는 스타일이다. 위기를 조장하는 자로서 발렌타인이라는 독특한 악당은 이미 기존 권력 시스템을 장악하고 있다. 시스템을 만들어 가는 자들은 공존을 위해 위기를 조장하는 자와 결탁해 있다. 과학과 기술, 기계가 인간의 미래를 더욱 편리하게 할 것이라는 환상은 불의한 빅브라더 앞에서 무력화된다. '킹스맨' 은 이들의 결탁과 불의한 의도를 눈치채고 행동에 나선다.

정체성 전환에 관한 작은 이야기들도 제시됐다. 예컨대 킹스맨의 리더 아서의 정체성 전환 역시 이야기 전개를 위해서는 중요한 대목이지만, 충분한 근거가 제시되지 않은 점도 아쉽다. 주된 이야기로서 에그시가 왜 자신의 정체성을 바꾸어야만 하는지, 바뀔 수밖에 없는지에 대한 이야기 속 근거들 또한 두루뭉술한 구석이 없지 않다. 해리하트에 의해 발탁된 정체

성 전환의 과정에서 그의 고뇌와 결단이 조금 더 두드러졌다면 하는 아쉬움도 있다. 그에게 주어진 '아버지들' 로 인해 한 소년이 젠틀맨으로 성장하는 모습을 보여준다는 점에서 이야기 자체가 참신한 것은 아니기 때문이다. 〈킹스맨〉은 자신이 고백한 바와 같이, 여러 영화들이 보여주었던 그 진부한 이야기를 '스타일' 로 치환하여 장식한 경우다.

굳이 결말을 이야기하지 않아도 괜찮을 것이다. 영화는 해피엔딩으로 끝난다. 흥미로운 것은, 정체성을 뒤바꾼 에그시가 공주를 구하게 된다는

전통적인 스토리가 삽입됐다는 점이다. 영웅에게는 언제나 공주로 표상되는 구체적인 구출 목표가 있어야 하는 법이니까 말이다. 불의한 권력에 빌붙은 자들의 머리 위로 유심이 폭발하면서 연출하는 장난스러운 불꽃놀이 장면은 다소 무거웠던 관객의 마음을 시원하게 뚫어 준다. 현실에서는 일어날 수 없는 일이니 뭐 그리 심각하게 생각하지 말라는 메시지가 전해져 온다.

임 대 근 _ dagenny@daum.net

한국외국어대학교 교수. 중국영화포럼 사무국장. 중국영화, 대중문화, 문화콘텐츠연구 등에 관심을 갖고 강의, 연구, 번역 등의 작업을 수행하고 있음. 한-중 영화의 초국적 교류와 상호 관객성 문제에 관심을 갖고 있음.

류승완 감독 인터뷰

영화 〈베테랑〉의 류승완 감독 인터뷰

"항상 시간을 이기는 영화를 만들고 싶어요"

인터뷰어: 전찬일(영화평론가, '오늘의 영화' 기획위원)
인터뷰어와 함께한 사람: 윤성은(영화평론가), 손정순(시인)

일시: 2016년 3월 26일 오후 2시 **장소:** 영화제작사 외유내강
사진: 설재원 **녹취 정리:** 김은영 **녹취 수정·완성:** 윤성은 & 전찬일

프롤로그

전찬일(이하 전): 잘 지냈지? 〈군함도〉 준비는 잘 돼가고? 아, 늦었지만 축하해! 〈베를린〉도 그렇고 〈베테랑〉은 더 큰 성공을 거뒀으니, 대중적으로나 비평적으로나 말야! 두 마리 토끼를 다 잡았지. 돌이켜보면 류 감독도 잘 버텨냈네. 요즘 들어 부쩍 자주 생각하게 되는 게 산다는 건 결국 버텨내는 게, 아닌가 싶어. 〈내부자들〉의 우민호 감독이 중앙일보 인터뷰에서 자기가 왜 영화감독을 했나 후회를 많이 했다고 하더라고. 어찌나 버티기 힘든지 거의 포기할 뻔 했는데, 그러다가 영화가 터진 거지. 그 인터뷰를 보니 마음이 짠하더군…

류승완(이하 류): 우민호 감독도 〈간첩〉(2012) 때까지는 그렇게까지는 심하진 않았는데, 절박해지니까 정신을 바짝 차린 거죠. 잘 됐죠 뭐. 여러 사람 살린 영화잖아요 그 영화가?

전: 그런 거 보면 감독이 영화를 잘 만들어서 성공을 하면 여러 사람이 행복해지니까 좋은 일 하는 거야.

류: 증오하고 질투하는 사람들도 많아지지만…

손정순(이하 손): 얼마 전 이장호 감독님을 뵀는데, 〈동주〉 어떻게 봤냐고 물으시더라고요. 당신이 오래 전부터 윤동주 이야기를 영화로 찍고 싶어 벼르고 있었는데. 이준익 감독한테 뺏겨 버렸다고….

전: 이장호 감독이 했으면 좀 달라졌겠죠? 그렇게 안 나왔겠죠?

손: 전 〈동주〉를 괜찮게 봤는데 사촌이자 친구인 송몽규를 재발견 해주었기 때문에 나름 의미는 있는 것 같더라고요. 근데 이 감독님은 그 부분이 주객이 전도된 것처럼 느껴지시나 봐요. 저는 미처 몰랐던 몽규의 삶을 통해 윤동주라는 시인을 새롭게 발견할 수 있어 좋았어요. 그런데 시를 쓰는 입장에서 봤을 때는 조금 아쉬운 점도 있었어요. 시라는 게 이유 없이 그냥 탄생하지는 않거든요. 다른 예술도 마찬가지겠죠? 한편의 시가 시인에게 다가올 때의 그 묘한 환희, 또 그 뒤의 숨겨진 고뇌라든가 한이라든가 그런

과정이 섬세하게 표현되지는 못했다는 생각이 들더라고요.

류: 그게 시각적으로 표현하기가 진짜 힘들죠.

손: 그래서 저는 영상을 흑백으로 처리하다가도 시나 창작의 탄생 때는 한번쯤 컬러 처리를 해서 한 생명 탄생의 고귀함 같은 것들을 살려줬으면 하는 바람이 있었는데, 이 감독님도 그런 말씀을 하시더라고요. 당신이 연출했으면 시 내레이션 부분은 다르게 표현하셨을 거라고…. 이 감독님께서 기독교인이다 보니 윤동주 시인을 특별히 생각하셨나 봐요. 이장호 감독님이 북아현동 태생이잖아요. 당신께서 시인을 좋아하고 윤동주랑 같은 동네에 살았고, 윤동주가 그 북아현동에서 정지용 시인을 만나러 오가고 하숙도 하고 그랬으니까 자기 나름의 특별함 같은 게 있어서 꼭 영화로 한번 만들어보고 싶다고 생각하셨나 봐요. 그래서인지 놓쳤다고 아쉬워하더라고요. 그렇다면 다른 시인을 하면 되지 않냐고 했더니 그만한 장점을 가진 시인이 없다고 해서 제가 박목월 시인을 영화로 만들어보라고 제안했어요.

류: 기형도는 안 맞겠고(웃음).

손: 기형도는 힘들 거예요. 시를 공부하는 젊은이들은 기형도 시인을 많

이 좋아하는데, 대중성이나 이장호 감독의 마인드로는 차라리 목월이 나을 것 같아요. 목월은 대한민국 국민들이 다 아는 시인이고 기독교인이고, 목월의 캐릭터나 러브스토리도 재밌으니까 한번 해보라고 추천해드렸어요. 그랬더니 동규 형(목월 시인의 장남 박동규 교수)한테 전화해서 미리 찜해놔야겠다고(웃음)…

류: 그런데 〈동주〉도 신연식 감독(〈배우는 배우다〉, 〈러시안 소설〉, 〈페어 러브〉)이 밀어붙이니까 그게 된 거죠.

전: 신연식 감독은 그러던데, 〈동주〉는 이준익 감독이 불러 제작을 맡으라고 해 맡게 된 거라고?

류: 아니 그게, KTX에서 둘이 이런저런 얘기하다가 신연식 감독이 워낙 대본도 빨리 쓰고 자기만의 체계가 있는 사람인데 〈동주〉얘기를 하니까 이준익 감독이 맞장구를 친 거죠. 네가 하면 되겠다고. 또 신연식 감독이 추진력이 있으니까 그렇게 된 거죠.

전: 잘 됐어. 대본도 잘 썼고, 잘했어. 나는 보고 깜짝 놀랐어.

류: 잘 했죠. 그게 5억 가지고 만든 영환데, 4억 5천인가 그런데, 이준익

감독이 자기 스태프들 아무도 안 데려가고 신연식 감독이 짜주는 대로 한 거죠. 둘 다 대단한 거죠.

손: 이준익 감독님을 〈사도〉 개봉하고 나서 충무로 사무실에서 뵀는데 바로 다음 영화 〈동주〉 들어갔다고 하시더라고요. 이 분도 굉장히 추진력 있어요.

류: 저희 둘째하고 셋째가 중학교 1학년이고 초등학교 5학년인데 얘네 데리고 가서 봤더니 애들도 〈동주〉를 되게 좋아하더군요. 자기들은 어떻게 시로 싸우는지 그런 게 궁금했대요. 남자애들이라 전쟁, 2차 세계대전 이런 거에 꽂힐 나이라…

손: 요즘은 이데올로기 같은 게 아예 무너졌으니까. 어린 친구들은 예술로써 싸울 수 있다는 것 자체를 생각하지 못하는데, 그런 의미에서 〈동주〉가 정말 의미가 있지요.

'2016 작가가 선정한 오늘의 영화' 최고 한국영화, 류승완 감독의 〈베테랑〉

전: 자, 그러면 본론으로 들어가서 인터뷰를 시작하겠습니다. 먼저 이렇게 시간을 내주신 류승완 감독님, 고맙습니다. 혹시 '작가가 선정한 오늘의 영화' 에 대해서 이전부터 알고 계셨습니까?

류: 아니, 갑자기 왜 말은 높이세요(웃음)? 네, 제 영화가 항상 꼽힌다는 얘기를 들어서, 또 책을 보내주셔서 알고는 있었습니다.

전: 이번에 〈베테랑〉이 '2016 작가가 선정한 오늘의 영화' 최고 한국영화로 뽑혔습니다. 올해는 동률이 있어 한국영화건 외국영화건 공히 11편씩 뽑혔는데 한국영화에선 〈베테랑〉이 그 중 가장 많은 표를 얻었죠. 영화 평론가와 영화 기자만이 아니라 문학 평론가 등 타 분야 전문가까지 포함해 100명 가까운 영화 · 문화계 전문가들을 대상으로 설문을 진행한 후 선정한 것이죠. 그동안 류승완 감독의 영화가 10편 안에 뽑힌 적은 있지만, 최고작 선정은 이번이 처음인데, 1,300만 명이 넘는 대 흥행과 더불어 전문가들, 한국영화평론가협회와는 또 다른 의미의, 폭넓은 전문가들의 투표에서 1위가 되었다는 것은 굉장히 의미 있는 결과로 여겨집니다. 참고로 작년에는 김한민 감독의 〈명량〉이, 그 전년도에는 봉준호 감독의 〈설국열차〉가 최고작으로 선정됐었죠. 2006년, 이준익 감독의 〈왕의 남자〉가 첫 선정작이었고요.

근자의 선정작은 흥행에서 큰 성공을 거두었을 뿐 아니라 비평계에서도 좋은 평가를 받았다는 면에서, 최근 흥행과 비평 사이의 간극이 점차 좁혀지고 있다고도 볼 수 있습니다. 물론 이에 대한 부정적 견해와 긍정적 견해가 모두 존재합니다. 긍정적으로 보면 대중들과 전문가들의 영화를 보는 시선의 간극이 줄어든다는 의미 등이 있고, 부정적으로 보면 전문가들이 지나치게 대중적으로 영화를 보는 것이 아니냐?, 달리 말하면 비대중적인 영화, 상대적으로 노출이 덜 되는 영화는 덜 찾아보는 것이 아니냐? 라는 등의 문제제기가 나올 수 있을 겁니다. 실제로 올해 뽑힌 11편의 리스트를 보면 대중적 성공을 거둔 영화들이 다수를 이루고, 저예산 독립영화의 수는 서 너 편 정도라 이런 의문이 증폭됩니다. 이에 대해서는 각기 다른 평가가 이루어 질 수 있겠죠. 어쨌든 이번 최고작 선정은 충분히 축하할 일이기에, 소감 한 말씀 부탁드립니다.

류: 일단 뽑히는 건 굉장히 좋은 일이겠죠? 좋고, 신나고, 기분 좋고. 저도 매번 '오늘의 영화' 가 뽑힐 때 "내 영화가 있나?" 싶어서 찾아보기도 했으니까요. 그런데 올해 아닌 작년에 이런 인터뷰를 했다면 조금 달랐을 것 같아요. 지금 시점은 제가 이미 새로운 영화를 준비하고 있고 제가 만든 영화에 대해서 어느 정도 거리가 생기는 상황이기 때문에, 저 스스로에게 냉정할 수 있어요. 일단 무엇보다 이 영화를 지지해주시고 선택해 주신 분들에게 대단히 감사드립니다. 그런데 지금은, 이 영화에 대한 비판적인 비평도 많이 나오고 있고 이 영화가 내가 여태까지 만든 영화 중에 최고로 좋은 영화인지도 잘 모르겠어요. 영화 만드는 사람들은 항상 시간을 이기는 영화를 만들고 싶잖아요? 시간이 흘러도 좋은 영화, 시간을 버텨내는 영화를 만들고 싶은데, 어쩌면 〈베테랑〉의 흥행은 2015년의 시대적 배경이 만들

어낸 현상 같기도 해요.

이건 좀 다른 얘긴데, 제가 최근 몇 달간 본 영화 중 저를 가장 흔들어놨던 영화는 〈룸〉과 〈스포트라이트〉였습니다. 그런데 저는 〈룸〉을 보면서 이번 오스카의 선택이 약간 이상하더라고요. 최우수작품상을 〈스포트라이트〉가 수상했는데, 〈룸〉이 받았어야 한다고 할까요? 그리고 〈사울의 아들〉이 외국어영화상을 받았는데, 저는 그것도 할리우드 유태인 파워의 영향이라고 보거든요. 그러니까 많은 한국 영화인들이 아카데미 외국어영화상에 한국영화들을 출품할 때마다 많은 이슈를 만들어내고 싶어 하는데, 저는 투표권을 가진 한국인들의 인구가 많아지거나 아니면 우리나라가 일본이나 중국에 필적할만한 경제력이 없다면 오스카 외국어영화상 후보에조차 올라갈 일은 없을 것 같아요.

그러니까 이렇게 뭔가 상을 받는다거나 하는 게 되게 좋은 일이지만. 지금 제가 스스로 영화에 대해 냉정해진 이 시점에서는 마냥 들뜨게 되지만은 않는 것 같아요. 약간 부끄러운 것도 있어요. 저한테만 보이는 것들이 있잖아요. 실수한 것들도 있고 잘못된 것들이 있는데, "이 영화가 그렇게 박수 받을 만한 가치가 있는가?"라는 의문도 들어요. 그리고 애초에 출발 자체가 이런 걸 노리고 출발한 영화가 아니었거든요. 저 스스로 가볍게 해보자고 출발한 영화인데, 이렇게 좋게 뽑아주시니까…〈동주〉에 나오잖아요, 부끄러움에 대해서. 그래서 부끄러워요(웃음). 그게 제일 솔직한 심정이에요. 작년 같았으면 "받을만한 영화였죠." 뭐 이랬을 거 같은데(웃음)…

전: 몇 개월의 시간이 흐르면서 자기가 만든 영화에 대한 애정과는 또 다른 의미에서 객관적으로 바라보려고 노력하는 것은 모든 창작자에게 필요

한 것이 아닐까 싶습니다. 그런 점에서 〈베테랑〉은 절대로 부끄러울 영화는 아니지만, 스스로 부끄러움을 느낀다는 것은 어떻게 보면 바람직하다고 볼 수 있겠죠. 이런 생각을 했어요. 오늘 인터뷰를 같이 진행하는 전찬일이나 윤성은도 〈베테랑〉을 좋아하고 지지는 했지만, 아마 '베스트 1'으로 뽑지는 않았을 수도 있을 거예요. 윤성은 선생은 한국영화 3편 안에 〈베테랑〉을 넣은 것으로 기억하고, 저도 3위나 4위 정도라고 여겼죠. 어쨌든 이 영화를 좋아하지만 최고작이다, 이렇게 생각하지 않은 사람이 있을지라도 "〈베테랑〉은 올해 꼽을 만한 영화다, 추천할 만한 영화다"라고 생각해서 많은 사람들이 추천을 한 거고, 이게 무슨 가산점이 붙는 게 아니고 선정 수가 많은 작품이 최고작이다 보니 〈베테랑〉이 선정된 거죠. 2위와 약 10표 가까이 득표수에서 차이 나는데, 압도적 득표라고 할 수도 있을 거예요. 득표수 차이를 보며 "〈베테랑〉을 좋아하는 사람이 이렇게 많구나"라고 생각하면서 객관적으로 받아들여야 할 것 같고요. 감독이 부끄럽다고 했는데, 그거는 뭐 겸손한 말이라고 보고, 〈베테랑〉이 이렇게 좋은 평가를 받을 수 있었던 이유가 무엇인지 평론가로서 한마디 해줄래요, 윤성은 선생이?

윤성은(이하 윤) : 〈암살〉이 나오고 〈베테랑〉이 2주 후에 개봉했는데, 일찍이 전 선생님께도 말씀드린 적 있듯 저는 그때 상황에서 〈베테랑〉이 〈암살〉의 관객 수를 넘어설 것이라고 예측을 했던 몇 안 되는 평론가 중에 한 명이었어요. 그래서 저는 줄곧 〈베테랑〉을 응원하면서 지켜봤었죠. 전찬일 선생님도 보시기 전에는 잘 모르겠다고 하셨지만, 보시고 나서는 좋다고 하셨어요.

전: 저는 영화를 보기 전에 이미, 〈베테랑〉이 천만 넘을 거라고 류승완 감독에게 문자를 보냈죠.

윤: 한 문장으로 정리하자면, 저는 〈베테랑〉은 〈베를린〉과 〈부당거래〉의 장점만을 뽑아서 만든 영화가 아닌가, 싶어요. 저는 감독님이 말씀하신 그 부분, 뭐 대단한 영화를 만들어보겠다는 게 아니라 내가 하고 싶은 영화 만들어보겠다는, 어깨에 힘을 뺀 그 자세가 오히려 좋은 영화를 만들어낼 수 있던 동력이라고 생각해요. 중견 감독들의 경우, 신작에 너무나 많은 부담과 자의식을 느끼다 대중들과 소통하는데 오히려 방해가 되기도 하고. 역효과를 내기도 하죠. 그에 반해 〈부당거래〉를 만드시면서 하고 싶었던

많은 이야기 중에 못 들어갔던 것들을 모아 〈베테랑〉이라는 작품이 나오게 되었다는 인터뷰를 본적이 있었는데요, 그런 시작점이 신선하고 좋았던 것 같아요. 다수의 팬을 확보하고 있고, 활발하게 활동하는 충무로 감독 중의 한분으로서 힘을 빼고 만드는 것은 쉽지 않은 일인데 오히려 그것이 동력이 되었기 때문에, 저는 부끄러워하시지 않아도 될 작품이라 생각합니다.

류승완 감독의 열 번째 영화 〈군함도〉

전: 〈부당거래〉와 〈베를린〉의 장점을 결합했다는 것은 굉장히 적확한 평가라는 생각이 듭니다. 〈부당거래〉는 류승완 필모그래피에서 어떤 터닝 포인트를 이루는 작품이라고 볼 수 있겠는데, 〈부당거래〉의 사회성 내지는 사회적 문제의식이, 〈베를린〉에서 보다 강조된 오락적인 재미, 액션과 적절하게 결합되면서 〈베테랑〉이 좋은 평가를 받은 것이 아닌가, 하는 거죠. 류승완 감독 뿐 아니고 지금 한국영화가 잘되는 이유를 한 마디로 풀면 의미도 있고 재미도 있기 때문이라고 늘 말하는데, 그 정점을 이루는 작품으로 〈암살〉과 〈베테랑〉을 꼽을 수 있지 않나 싶습니다.

그리고 류승완 감독이 앞서 많은 문제제기를 해주었어요. 시대적 배경이 그렇게 만들어준 것이라고. 작금의 한국영화에서 시대성, 시대적 문제의식이 중요한데, 이걸 너무 진지하게 풀면 무겁고, 오락적으로 잘 포장해서 잘 전달하니까 관객들이 환호하면서 보지 않나, 싶은 거죠. 그러면서 〈베테랑〉이 더러는 지나치게 오락적으로 간 것이 아니냐는 비판을 일각에서는 할 수도 있겠죠.

〈베테랑〉이 장편으로는 아홉 번째 영화더라고요. 준비 중인 〈군함도〉가 열 번째 영화인데, 열 번째 영화를 만든 다는 것은 굉장히 큰 의미가 있는 거죠. 아홉 번째 영화에서 이렇게 큰 성공을 거두로 열 번째 영화 준비를 하면서 많이 부담스러울 텐데, 류 감독 캐릭터를 보면 부담 많이 안 느끼고 툴툴 털어버리고 잘 할 것 같은데 어떠세요, 열 번째 영화 준비는?

류: 그러니까 숫자 자체가 의미하는 것들이 있잖아요. 열 번째 영화. 그 사실은 그냥 숫자일 뿐인데도 의미가 생기잖아요. 저는 보기보다 제가 만든 결과물에 대해서 괴로워해요. 저 스스로 하는 행위들에 대해서 아주 괴로워하는 사람이에요. 일단 〈군함도〉를 다음 영화로 선택한 이유는…〈군함도〉는 사실 〈베테랑〉 촬영하기 전에 기획이 결정이 되어있던 작품이고, 〈베테랑〉을 작업하는 동안 이미 초고가 나와 있었어요. 그리고 〈베테랑〉을 촬영하기 전에 초안을 쓰던 작가와 방향성을 정했고, 제가 그 전에 얼개만 잡아놓고, 제 성에 안차서 다시 쭉 만지다가 〈베테랑〉 후반 작업하면서 지금까지 계속 해오고 있는 건데, 규모나 제작 환경이 제가 지금까지 영화하면서 한 번도 안 해봤던 방식이에요. 섬 전체 세트를 만들어서 찍어야하는 거고, 스케일이 어마어마해요. 또, 제가 촬영하는 방식도 지금까지 했던 것들과는 아마 아주 다를 것 같고요. 저 스스로도 이게 처음해보는 거라서 재밌다가도 돌아서면 무섭고, 완전히 안 가본 길이라 무섭고, 이거 어떻게 해야 하지 이러면서 하고 있어요. 하지만 〈베테랑〉이 흥행을 했기 때문에 '이때 아니면 내가 언제 이런 도전을 해보냐' 는 생각이 있는 거죠. 그리고 열 번째 영화를 만드는 게 아니라 항상 새로운 영화를 만들 때는 '이전 영화보다는 잘 만들어야지' 라는 생각을 해요. 저는 지금도 영화를 잘 만들고

싶어요. 항상 좋은 영화를 보고 나면 '와 나는 왜 저런 생각을 못했지?' 이런 게 있잖아요.

저는 〈룸〉을 좀 늦게 봤어요. 〈룸〉을 보면 애가 탈출하고 아무 것도 아닌 하늘과 전봇대 선이 나오는데 어마어마해요. 애한테 닿는 빛줄기 하나가 주는 그 감정이 그 어떤 스펙터클보다 거대하고, '우와 어떻게 저런 센 이야기를 저렇게 풀었지', 라는 생각이 들죠. 제가 〈룸〉 이야기를 계속 하는 이유가 뭐냐면, 제가 이전에 만들었던 영화들은 너무 자극적인 게 아닌가 하는 생각을 하게 됐어요. 사람을 화나게 하고, 열 받게 하고, 살살 긁어내고. 이건 되게 쉬운 방식인데 〈룸〉은 달라요. 제가 나이가 드니까 한 발짝 나아가서 치유에 대한 이야기를 하는데, 〈룸〉 감독의 태도와 시선이 저를 너무 부끄럽게 만들었어요. 그래서 제가 그때 박찬욱 감독님, 이준익 감독님한테 다 연락해서 "〈룸〉 봤냐고, 나는 지금 개 쓰레기 같다고, 이게 뭐냐고" 그랬어요.

결국 열 번째 영화라는 건 중요한 게 아닌 것 같아요. 열 번째 영화라고 하지만 제가 선택한 다음 영화는 언제나 저에게 첫 영화인 거니까. 〈베테랑〉 속편을 만들어도 그 영화는 저한테 첫 영화잖아요? 관객들은 다를 수 있겠죠. 누구의 다음 영화라는 어떤 선입견을 가지고 볼 수 있으니까. 그런데 만드는 사람한테는 사실 모든 게 첫 걸음이거든요. 그런데 〈군함도〉는 이게 예산 규모가 워낙 크니까 손익분기점이 워낙 높아서 잘 만들어야겠다는 부담은 있어요.

전: 제작비가 어느 정도인지는 말해줄 수 있나요?

류: 제작비가 완전히 확정되지는 않아서 말할 수 없지만, 한국영화 사상 거의 최고 수준일 거예요. 〈베테랑〉 같은 경우는 제작비가 60억이 되지 않은 영화거든요. 물론 제가 초기에 만들던 영화들에 비하면 〈베테랑〉도 엄청나게 큰 영화지만, 지금 같은 시장 사이즈에서는 그래도 상대적으로 손익분기점에 대한 부담이 그렇게 크지 않은 영화였는데, 〈군함도〉는 부담이 크죠. 자본의 거대한 컨베이어벨트가 돌아가기 시작하니까. 그래서 그런 생각이 있어요. '이 영화 끝나면 난 무조건 작은 규모 예산의 영화를 할 거야, 지금 너무 힘들어, 언제까지 이런 악순환을 계속할 수 없어…'

전: 나온 김에 〈군함도〉에 대해 조금 더 이야기를 하면, 여태까지 만든 아홉 편의 영화는 현대물이에요. 반면 〈군함도〉는 시대물인데, 시대물을 한 번 해봐야겠다는 생각에서 출발하신 건가요? 하다보니까 시대물인 건가요?

류: 하다 보니까 이렇게 된 것 같아요. 제가 2006년도에 〈야차〉라는 시대물을 준비했었는데 무산됐어요. 그런데 예전부터 일제 강점기 시절이 저한테 다루고 싶었죠… 아, 〈군함도〉가 첫 시대물은 아니네요. 〈다찌마와

리 - 악인이여 지옥행 급행열차를 타라!〉 극장판이 있으니까(웃음). 〈군함도〉는 제 두 번째 시대물이네요. 정극으로 다루는 건 처음이지만요. 헌데 일제 강점기 때가…제가 백범일지에 나온 몇몇 묘사들을 아주 좋아하는데, 윤봉길 의사가 의거 가기 직전에 백범과 대화할 때 자기 시계를 풀어주는 장면이 있어요. 백범한테 윤봉길 의사가 본인이 가장 아끼는 시계를 풀어주니까 백범이 "아니 이건 자네가 가장 아끼는 시계가 아닌가?"라고 하자, 윤봉길 의사가 "선생님 제게는 이제 두 시간밖에 남지 않았습니다. 앞으로 시간이 좀 더 필요한 선생님께서 이 시계를 가지시는 것이 맞다고 생각합니다."라는 부분이 있는데 이게 제 마음을 울려요. 정말 진정한 사나이들의 세계 같고. 신념이 자신의 목숨보다 더 중요하게 여겨졌던 시대, 그러면서도 관계에서 신념이 인간성을 완전히 찍어 누른 것도 아닌 흔적들이 보이고. 예를 들면 의혈단이 거사를 치르기 전에 항상 사진을 찍잖아요. 자신들의 가장 좋았던 모습을 남기는 사진을. 저는 그런 순간들에 휴머니티가 살아있다고 봐요. 항상 그런 모습들이 되게 매력적이라 그 시대에 대한 로망이 좀 있어요.

그런데 지금 그 시절, 그 세계를 다루려고 하는 저는 조금 달라졌어요. 지금 우리가 사는 사회를 "헬조선"이라고 부르잖아요. 이게 어떻게 여기까지 왔나 생각해보면, 우리나라가 기본적으로 제대로 된 시민혁명이나 산업혁명이 없는 상태에서 근대를 지나 현대를 맞이한 거잖아요. 예기치 않던 외세 침략에 의해서 엉망이 되고, 이 과정에서 내부의, 소위 사회지도층들이 혼란을 야기했고요. 어쨌건 이 근·현대사에서 제대로 청산되지 못한 역사가 지금의 현재를 만들어놨다고 보거든요. 때문에 그 부분에 대해서 끊임없이 문제를 제기해야 하고요. 그래서 〈군함도〉 준비를 하면서 더 확신이 들었어요. 1944~45년까지의 기간을 다루고 있는데, 이것이 지금 현재의 이야기이기를 바라고 있어요.

전: 개인적으로 〈동주〉를 보면서 가슴 아팠던 게, 〈동주〉를 통해서 이준익 감독이 말하고 싶었던 것은 결국 청산되지 않은 어떤 식민의식, 일본이 그토록 식민화시키려고 애썼던 한국인의 무의식이라고 보고 있어요. 윤동주의 시는 일종의 영화적 장치였다고 보고. 결국에 〈동주〉를 통해서 감독이 드러내고 싶었던 것은 그거였고, 그걸 나타내는 핵심적 인물이 바로 "고등형사" 였던 거죠. 그래서 저는 고등형사를 중시하면서 영화를 봤고, 리뷰도 그런 식으로 썼었는데, 꼭 일제만이 아니고 많은 것이 청산되지 못한 지금, 그 문제는 '앞으로도 우리가 짚어야할 가장 중요한 문제이지 않나?' 라고 생각하고 있습니다.

그래서 〈군함도〉가 매우 기대가 되는데, 자연스럽게 말하다보니까 자꾸 〈부당거래〉 이야기가 나오네요. 류승완 감독은 개인적으로 〈죽거나 혹은 나쁘거나〉(2000) 때부터 워낙 친하게 지내면서 쭉 지켜봐왔고, 계속 성원하면서 십 수 년이 흘러왔는데, 류승완 하면 한국 장르영화의 귀재이고, 장르적 쾌감을 누구보다 극대화시키기 위해서 노력했고, 그걸 액션이라는 대중이 가장 좋아하는 틀을 가져다가 잘 전달해왔는데 〈부당거래〉에서 변화의 조짐이 보이면서, '류승완 감독이 달라지고 있구나' 를 보여주었죠. 그 이후의 영화들은 아까 말했듯이 사회적 의식을 재미있게 풀었고, 그것이 성공을 거두면서 〈베테랑〉까지 왔다는 생각이 드는데, 어때요? 〈부당거래〉를 만들게 된 계기, 지금 존재하는 류승완의 분기점이라고 생각되는데…

〈부당거래〉의 출발

류: 〈부당거래〉라는 영화가 저 스스로에게 어떤 분기점을 만들어 내리라고는 생각을 못했어요. 아마 그게 가능했던 것은, 우리가 왜 같은 온도의 열탕에 들어갈 때 미지근한 물에 샤워하고 들어갈 때랑 차가운 물이랑은 차이가 확 나잖아요. 그렇듯 바로 전작이 〈다찌마와 리〉 극장판이어서 그랬던 것 같아요. 그리고 그때 저는 영화 시장에서 고꾸라져 있었거든요. 사실 그때 굉장히 심각한 상태였고, 암사동에 터를 잡기 시작한 것도 강남에서 밀려나서였어요. 실제로 이직을 심각하게 고민했었고요. 그거 되게 널리 알려진 얘긴데, 그때 사무실도 다 접고, 그 시점, 〈다찌마와 리〉 극장판을 끝내고 〈부당거래〉를 하기 전에 상업 단편과 CF, 뮤직비디오 이런 걸 많이 만들었는데, 먹고살려고 만든 거예요. 있던 사무실을 정리하고, 직원들 퇴직금 만들어주고 하느라고. 그리고 실제로 투자사 사람들이 저를 안 만나줬어요. 2003~4년도에 갑자기 영화계가 성장하며 과도한 투자들이 생겼잖아요? 영화사들이 엄청 생기고, 주식열풍 불고. 그러다가 그 거품이 꺼지는 시점, 2007~8년에 혹한기가 와요. 그때가 메인 투자사들의 인력들이 교체가 되는 시점이에요. 그러니까 그때 영화 투자를 담당하던 사람들이 와서 보니까 류승완 얘기는 하는데, 자기랑 나이 차이도 별로 안 나는 것 같고, 심지어 어린데 경력은 또 있고, 그렇다고 300만 넘은 영화는 없고, 그러니까 너무 상대하기 불편한 거예요. 그리고 무슨 칸에서 상 받은 애는 아닌데, 여기저기 많이 돌아다니고 애매한 거죠. 뭔가 돈을 벌어다 줄 것 같지는 않고 그렇다고 무시하기는 애매하고… 그래서 항상 연락하면 바빠서 연락

이 안됐어요. 그리고 그때 저도 장인어른 돌아가시고 해서 시골에 들어가서 살았어요. 퇴촌 산속에서 살았는데, 그때 진짜 너무 힘들었어요. 진짜로 영화 다 접고 완전히 다른 일 찾으려고 준비를 했었어요. 그 결정적인 계기를 준 게, 저희 애가 시민체육센터에서 농구를 배웠는데 어떤 달에 농구 강습비가 없었어요. 그래서 그때 이러면 안 되겠다, 가락시장에 가서라도 뭐라도 해야겠다고 마음 먹고 있을 때, 〈부당거래〉 대본이 들어온 거예요.

그러니까 그 시점에 영화를 만드는 방식 같은 것들이 바뀌어서 그런 것 같아요. 예를 들면 〈짝패〉도 지방의 부동산 거래를 둘러싸고 벌어지는 얘기란 말이죠. 그리고 〈주먹이 운다〉는 이 사회에서 튕겨져 나간 사람들이 이야기죠. 〈아라한 장풍대작전〉도 사실 막 까부는 얘기지만 사실은 더 이상 가치가 없어진 가치를 붙잡고 살아가는 얘기라는 측면에서 제 처음 관심사에서 아예 바뀐 것 같지는 않아요. 그런데 스킬이 바뀐 거겠죠. 〈부당거래〉를 하면서 제 스스로가 저의 흔적을 최대한 지워보고, 내가 다루려는 세계의 사실 관계만 집중해서 해보려고 했어요. 그때부터 약간 영화를 만드는 태도가 조금씩 바뀐 것 같아요. 뭔가 저 스스로 내세우고 싶어 하던 방식에서 제가 먼저 나서는 게 아니라 영화를 전면에 내세우려는 태도로. 〈부당거래〉도 사실은 그게 저한테 처음 들어왔던 대본이 아니었고, 다른 감독들 세 분 정도 거쳐 들어온 대본이었어요. 제가 그때 약간 심취해있던 것이 TV 드라마 〈하얀 거탑〉이었는데, 우리 사회, 사람들이 살아가는 세계 어디에나 존재하는 정치 구도가 흥미로웠거든요. 그래서 그런 것들을 해보고 싶던 시기에 그게 들어온 거예요. 헌데 그때 강혜정 대표나 승범(류승범)이나 한재덕 대표 등이 다 말리는 거예요. 이게 무슨 얘긴지 알아볼 수가 없다, 복잡하고 이상하고. 사실 저한테 들어왔었던 버전은 완성된 버전하고 완전 다르거든요. 그리고 그때는 제작자 구본한 대표가 자기가 쓴 대본이라고 줬어요. 그래서 저는 박훈정 감독(〈신세계〉, 〈대호〉)이 썼다는 대본을 본적이 없어요. 그래서 박훈정이 원작이라는 걸 나중에 알았어요. 아마 박훈정 원작을 엄청나게 손을 보고 줬나 봐요. 저는 거기서 주요 골자인 검경의 대립, 경찰 안에서의 권력구도, 자본가들의 역할, 이런 삼각 꼭지점을 가지고 이렇게 만들어보면 되겠다는 생각이 들어서, 제가 완전히 시나리오를 다 뜯어고친다는 자유를 주면 하겠다는 조건으로 만났죠. 그렇게 만났다가 무산되고, 시나리오가 돌다가 몇 달 후에 다시 들어온 거예요. 그래서 각색에 대한 자율권을 보장받고 다 뜯어 고친 거죠. 그리고 캐스팅도 그때 황정민 선배도 그렇고, 류승범도 좋을 때가 아니었어요. 흥행이 계속 안 되고. 그런데 저는 황정민, 류승범을 해야겠어서 둘을 고집하고, 결국 영화를 만들었어요. 이게 잘 안되면 다른 일 해야겠다라는 생각으로. 대신에 그 영화 만들면서, 그 이전에도 영화 만들 때면 취재를 정말 열심히 했는데, 그때는 진짜 엄청나게 사람들을 만났어요. 그 덕에 〈베테랑〉까지 도움을 주고 있는 형사들, 주진우 기자 같은 사람들… 이전에는 취재를 할 때 연출부가 취재해온 걸 가지고 하고 그랬는데 그때는 제가 직접 무지하게 사람들을 만났어요. 그리고 각본을 고치는데 굉장히 공을 들였고, 투자도 되게 힘들게 됐어요. 그게 30억에 만든 영환데 상황이 너무 안 좋아서, 이를테면 세트를 지을 수가 없어서 좁은 공간에서 대화 장면을 찍는데, 오버 더 숄더 쇼트를 찍고 싶은데, 공간이 없는 거예요. 그래서 거울을 가져다가 거울 반사로, 40년대 할리우드처럼 그렇게 찍었거든요. 그때 제가 사람들한테 너무 감사했던 게, 너무 어려울 때 어렵게 들어가니까 스태프들이 모두 자기가 받는 개런티보다 훨씬 낮게 계약을 해줘서, 정말 사람 하나 살리고 보자 이런 느낌으로 말이죠, 그래서 제가 지금까지 만들었던 영화 중 현장이 가장 기분 좋게 돌아간 영화였어요. 현장이 기분 좋은 영화가 몇 편 안되거든요. 다 지옥인데 〈베테랑〉과 〈부당거래〉가 좋았어요. 지금도 〈부당거래〉 팀은 만나면 되게 반가운 동창생을 만나는 기분이라 자주 만나요. 정정훈 촬영감독도 제가 원하던 쇼트를 잘 만들어주었고. 하여튼 그때 모든 합이 되게 잘 맞았어요. 결과적으로 황정민 선배도 그 영화 이후로 잘 풀리고, 한재덕 대표도 그때부터 잘 풀리고, 저도 그렇고. 그리고 얼마 안 되서 제가 마흔을 맞이했는데, 새로운 좋은 친구들을 만나게 해준 영화에요.

전: 사실 류 감독의 필모를 쭉 보면, 아까 내가 장르 쾌감이라고 했지만 기본적으로 다 어느 정도의 문제의식을 가지고 장르 쾌감을 추구한 것인데, 〈부당거래〉가 유독 다르게 비쳐줬던 게 본인이 말했지만, 그 동안은 감독으로서의 어떤 자의식으로 장르 쾌감 쪽에 무게를 실었다면, 자기가 뒤로 물러나면서 영화를 내세우는 즉, 영화 속 인물이나 사건에 충실하려 했다는 점이 더 강한 전달력을 준 게 아닌가 하는 생각이 듭니다. 사실 〈죽거나 혹은 나쁘거나〉도 단순한 액션 영화가 아니라 페이소스와 문제의식이 있는 액션 영화였는데 그 동안은 우리가 장르로 류승완을 풀었다는 거죠. 그런데 〈부당거래〉부터는 장르를 싹 줄이면서 '아 류승완이 어른이 되는구나, 그 이전에는 영화적 치기 이런 게 더 강했다면 이제는 성숙해지면서 뭔가 사회를 보는 시선이 달라지고 있구나', 라는 생각을 갖게 되며 신뢰가 더 생긴 것 같아요. 〈부당거래〉가 베를린영화제에 초청을 받았고, 그때 베를린에서 류 감독이 내게 베를린영화제에서 상영되는 영화를 보니 한국에서 보지 못했던 것들이, 감독으로서 의도했던 바가 100 프로 보인다

면서 감탄했던 게 생각나네요. 그때의 경험이 차기작 〈베를린〉을 기획, 연출하게 된 계기가 된 걸로 알고 있고요. 결국 〈부당거래〉가 류 감독에겐 터닝 포인트적 의미가 된 영화라고 볼 수 있을 거예요.

류: 오늘 얘기하다 보니까 그건 있었던 것 같아요. 항상 저의 과욕이 저를 이끌었던 것 같아요. 제가 영화를 만들 때 제가 다룬 인물들을 얼마나 알고 있느냐에 따라서 완성도에 차이가 나거든요. 〈죽거나 혹은 나쁘거나〉 같은 경우 거기 나오는 인물들에 대해서 다 알고, 그 세계에 대해서도 너무 잘 아는데, 지금 보면 영화를 만드는 것에 대해서는 잘 모를 때였어요. 영화를 만드는 스킬이나 이런 게 아무 것도 없었고, 죽이는 영화를 만들고 싶다는 과욕만 넘쳤던 거죠. 그래서 이번에 그 영화를 다시 보는데 도저히 못 보겠더군요. 편집을 다시 하지 않으면 공개를 못하겠다는 생각이 들어, 순식간에 8분을 잘라냈어요. 내가 어떻게 이런 영화를 만들었지 그러면서…

윤: 그렇지만 그때 그 영화는 굉장히 새로운 영화라고 생각을 했었거든요.

류: 그렇죠. 그때 스물일곱이었는데 그 당시 제가 할 수 있는 모든 것을 다 한 거예요. 지금 보면 너무 부끄럽죠. 〈죽거나 혹은 나쁘거나〉, 〈주먹이 운다〉, 〈짝패〉, 〈부당거래〉, 〈베테랑〉 이 영화들은 제가 그 영화 속에 나오는 인물들과 세계에 대해서 다 설명할 수 있어요. 조연들까지. 제가 취향으로 만든 영화들, 〈아라한 장풍대작전〉도 거기 있는 아저씨들은 다 설명할 수 있어요. 판타지 캐릭터들을 빼면요. 〈피도 눈물도 없이〉나 〈다찌마와 리〉도 마찬가지죠. 실은 〈다찌마와 리〉는 제 취향의 끝이죠.

그런데 〈베를린〉은 제가 계속 봐도 알 수가 없는 세계여서, 그 영화를 만들 때 되게 힘들었고, 혼란스러웠죠. 그 영화에 대해서는 아직도 정리가 안 되거든요. 헌데 〈베테랑〉을 보실 때 편안하게 보시고 많은 분들이 지지해 주시는 것은 그 두 개가 맞아 떨어졌기 때문인 것 같아요. 그러니까 제가 아는 세계와 아는 인물과 아는 이야기를 만드는데, 그것을 만드는 방식에 대해서 책상에서 머리로 만든 게 아니라 몸에 익힌 걸로 하니까…이를테면 거기에서 중요한 건 태도 같아요.

태도로 봤을 때 제가 아까 부끄럽다고 한 건, 제가 너무 편안하게 있으니까, 너무 안일한 순간도 있었고 오버한 순간도 있었다는 거죠. 〈베테랑〉에서 많이 공격 받았던 게 여성에 대한 시각이었어요. 처음에는 "왜들 이렇게 난리지?"라고 생각했는데, 이게 시간이 지나보니까 "이런 비판이 충분히 존재할 수 있겠구나"라는 생각을 했고, 제 태도에 대해서 고민을 하게 되더라고요. 바라보는 것을 어떻게 찍느냐의 문제이기 때문이죠. 이런 얘기를 주거니 받거니 하다 보니, 그런 생각이 드네요. 〈베테랑〉은 제가 할 수 있는 만큼의 욕심을 부린, 거기서 놀았기 때문에 이게 전달이 편안하게 되었던 것 같아요.

윤: 말씀을 듣다보니 여러 가지 생각이 드는데, 감독님들이 계속해서 부지런히 다음 영화를 준비할 수 있는 추동력 중 하나가 아까 말씀하신, 지금 내가 찍었던 영화의 부족한 점을 보고, 그런 것들을 계속 채워나가고 싶은 욕구라고 하더군요. 다음 영화에서 반드시 성취하고 싶은 것들이 있다고 들었거든요. 임권택 감독님도, 최동훈 감독님도 그런 말씀 하셨고요. 류승완 감독님도 〈베테랑〉에 그런 욕심들을 반영하셨던 만큼, 앞으로의 영화

들에도 스스로 보완하고 싶은 점들을 채워 넣으시겠죠.

류: 저는 운이 좋았던 것 같아요. 2000년에 데뷔해서 지금까지 영화를 많이 만들었잖아요. 굉장히 빠른 속도로. 15년에 9편이면 저랑 같이 시작한 다른 감독들에 비하면 많이 만든 편이거든요. 임권택 감독님에 비할 건 아니지만. 제가 이렇게 살아남을 수 있었던 이유는 제가 계속 다음 영화를 준비해서였던 것 같아요. 초기에는 제가 계속 이것도 만들고 싶고, 저것도 만들고 싶다는 생각이 있어서 다음 영화를 만들 수 있었던 것 같아요. 그리고 그게 어느 정도 지나가서는 감독으로서 자기가 살아남기 위해서 다음 걸 준비하는데, 제가 약간 일중독이 있는데 쉬지를 못 해요. 쉬고 있으면 불안해서 계속 뭘 하고 있어야 해요. 이게 어쩌면 중독의 현상일 수도 있고 불안함 때문일 수도 있어요. 저한테 행운은 항상 제가 완전히 고꾸라지지 않을 만큼의 채찍질을 받고 너무 날아다니지 않을 만큼 당근을 먹었기 때문 같아요.

〈부당거래〉 얘기를 많이 하셨는데, 그 영화가 그렇게 흥행이 잘 된 영화가 아니에요. 270만을 조금 더 넘은 정도였죠. 저는 항상 흥행이 엄청 잘 된 건 아니지만 엄청 망한 것도 아니고, 스페인 어디에서 상은 받아오고, 칸에서 상은 받았는데, 큰 상은 아니고, 그러니까 띄우기도 뭐하고. 그렇게 저 자체가 긴장과 이완의 상태가 적절한 수준을 유지하며 왔던 것 같아요. 만약에 제가 초기작 중에 두 번째 영화나 세 번째 영화에서 확 떴으면 어쩌면 제가 더 확 뻗었을 수도 있었겠지만, 그냥 고만고만하게 와서 지금까지 영화를 만들 수 있었어요. '다음에는 더 잘해야지' 라는 다짐으로. 그러니까 시나리오를 쓸 때, 내가 지금까지 만든 걸 다 무너뜨리고 죽이는 걸 만들

거야, 라고 생각하지만 한계에 부딪히는 게 있단 말이죠. 그러면 콘티 할 때 해결되고, 또 문제가 생기면 현장에서 해결되고, 또 뭐가 생기면 편집에서 해결되고, 음악으로 해결되고…그렇게 생각을 해요.

윤: 그럼 〈부당거래〉가 박훈정 감독님 원작에서 엄청나게 많이 고쳐진 작품이었나요? 여러 사람의 손을 거치면서.

류: 위에서 말했듯 박훈정 감독 원작은 본적이 없어요. 제가 받았을 때는 그 대본과는 이미 멀리 떨어져 있었고 거기서도 많이 고쳤죠. 저를 아는 분들은 그게 제가 쓰는 말투인 걸 알기 때문에 제가 썼다는 걸 잘 알아요. 박훈정 감독을 〈부당거래〉 끝나서야 만났어요. 그때 당시 제가 감독 조합 일도 하고 있었고, 그래서 각본가들을 세워줘야 하니까 일부러 박훈정 원작으로 말하고 다녔어요. 하지만 실제로 작업할 때는 한 번도 만난 적이 없어요. 오히려 한재덕 대표의 영향력이 컸죠. 그 사람이 쓰던 말투 같은 걸 많이 가져다 썼고. 〈신세계〉도 한재덕이라는 프로듀서의 공이 되게 커요. 그리고 그 〈신세계〉 팀들, 다 〈부당거래〉 팀들이 가서 만든 거거든요. 〈범죄와의 전쟁〉도 그렇고…

〈베테랑〉의 장윤주 캐스팅

전: 다시 〈베테랑〉 얘기로 돌아가, 아까 〈베테랑〉에서의 여성들에 대한 시각을 말했는데, 그런 측면에서 장윤주 캐스팅은 상당히 의외였습니다.

결과는 좋았지만요. 영화의 캐스팅이 기본적으로 절묘했습니다. 캐스팅에 대한 이야기 좀 해주시죠.

류: 캐스팅 얘기에 앞서서 그 역할 이름이 미스봉이었는데, "미스봉이 왜 미스봉이냐?" 라는 공격이 되게 많았어요. 여성 관객들한테. 그런데 형사들이 원래 이름 잘 안 부르고 별명을 부르거든요. 오히려 저는 여성들만 열외시키는 게 더 차별적이라고 생각해서 남자들의 세계와 마찬가지로 별명을 미스봉이라고 했는데, 왜 남자들은 미스터라고 안하면서 여자만 미스라고 하냐는 비판이 있었어요. 저는 비하하려는 의도는 아니었지만, '시대가 많이 바뀌었구나, 내가 빨리 적응을 해야겠다' 라는 걸 느꼈죠. 그리고 진경씨가 연기했던, 서도철 아내 주연이 마지막에 자기도 명품 백보고 흔들렸다, 자기도 사람이고 여자라고 하는데, 그걸 불편해 하는 여성 관객도 있었거든요. 약간 성향의 차이도 있겠지만, 처음에는 왜 그러는지 몰랐는데 시간이 좀 지나니까 알겠더라고요. 어쨌거나 그런 부분들은 제가 좀 균형 잡힌 시선으로 개선을 해야 할 것 같아요.

캐스팅 얘기로 넘어가면, 미스봉은 오디션을 많이 봤었어요. 이름만 대면 알 만한 배우들도 정말 많이 봤어요. 예쁜 배우도 있었고, 연기 잘 하는 배우도 있었고, 되게 웃기는 배우도 있었고, 다 있었는데, 이게 역할을 잘못 배치하면 미스봉이 아니라 그냥 연기하는 여배우로 보일 것 같았어요. 여자들이 많이 나오지도 않는데, 어느 하나가 톡 튀어서 극을 방해하면 안 되니까요. 고민하다가 제가 〈신 시티〉의 미호 캐릭터를 되게 좋아하는데, 장윤주가 약간 그런 느낌이 있거든요. 장윤주에 대해서 리서치를 좀 해보니까 무한도전 발연기가 나오더라고요. 그래서 그걸 봤더니 제 눈에는 그 친구가 발 연기를 연기하고 있더라고요. 그래서 그게 대단히 머리가 좋은 친구구나 라는 생각이 들었어요. 그래서 장윤주의 라디오 프로그램을 들어보니까 발음도 좋고 음색도 안정적이고, 조사를 하다 보니까 서울예대 영화 연출 전공이었어요. 그런데 처음에는 장윤주 얘기 꺼내니까 사람들이 다들 뜨악해 했었죠. 헌데 저는 의외의 캐스팅을 하는 걸 좋아해요. 이게 정말 중요한 캐릭터라서 오디션 볼 때 황정민 선배가 직접 들어와서 대사를 쳐줬어요. 배우 하나하나. 그래서 오디션을 보는데, 장윤주가 사무실을 들어오는데, 되게 좋은 기운 하나가 훅 들어오는 거예요. 그리고 일단 장윤주라는 배우가 연기만 한 게 아니라 무대에서 어떤 식으로든 무엇인가를 하던 사람이었으니까, 기운이 보통이 아니더라고요. 그리고 가장 좋았던 건 "해도 그만 안 해도 그만"이라는 태도가 되게 좋았어요. 그러니까 "열심히 하겠습니다!" 이런 느낌이 아니라 "어, 나 류승완 감독이 누군가 한번 보려고 왔어요. 내가 승범이하고도 친구고." 이러고 와서 "황정민 배우 어떻게 생겼나 보려고" 왔다고, 빵을 이만큼 사가지고 왔는데 뭐랄까 배역을 절실히 원하는 사람한테서 오는 에너지도 있지만 해도 안 해도 그만이라는 여유의 에너지도 있잖아요. 그런데 그 여유의 에너지가 제가 받던 절실함의 에너지를 다 덮는 거예요. 일종의 '밀당' 같은 건데, 너무 막 좋다고 달려들면 좀 피하게 되는데, 음 나 뭐, 이러면 오히려 사람을 끌어들이는 거죠.

그리고 오디션을 보는데 오디션 봤던 배우들이 기본적으로 대사를 칠 때 하는 패턴들이 있는데, 그 패턴들이 없었어요. 이 배우가, 잘 한다 못 한다를 떠나서 완전히 다른 방식으로 대사를 쳐서, 어, 가장 다르다, 오디션 봤던 사람들하고. 그리고 돌아와서 황정민 선배와 이야기를 하는데 저 배우가 우리가 뽑는 배우 중에 베스트가 될지는 자기도 모르겠지만 분명 우리에게 손해를 입힐 사람은 아닐 것 같다, 나쁘지 않은 선택이라고 생각한다, 고 하더군요. 그렇게 캐스팅을 했는데, 결과적으로 저는 대단히 만족해요. 왜냐면, 정말 열심히 하고 현장에서 사람 자체의 분위기가 매우 좋은 이미지를 풍겨서, 현장을 기분 좋게 만드는 사람이었어요. 장윤주가 나오는 날 다들 기분 좋아하고, 배려도 잘하고, 영화에서도 자기의 역할을 십분 발휘하고…

개봉하고 나서 그런 건 있었어요. 선입견이라는 게 대단히 무섭다고 생각했어요. 지금도 일반인 리뷰를 보면 장윤주 발 연기에 대한 말이 있거든요. 근데 실제로 해외에서 상영을 하면, 미스 봉에 대한 만족도가 매우 높아요. 시원하게 나쁜 놈들 발로 차고. 딱 필요한 순간에 나타나는 것에 대해서.

전: 황정민과 오달수의 조합에 장윤주가 잘 어울리죠. 그 두 사람의 캐릭터 자체가 붕 뜨는데 같이 떠줘야 하니까요. 그걸 못 맞춰주면 좀 어색했을 수도 있었을 거예요.

류: 그리고 장윤주의 음색이 저음이고 되게 좋아요. 그래서 아무리 떠있어도 자기의 목소리 톤이 딱 잡혀있으니까, 이게 귀에 거슬리지 않아요. 제 예상보다 훨씬 더 잘해준 배우였어요.

부산국제영화제와의 인연, 유아인 캐스팅

전: 애당초 황정민은 정해져 있었고, 그럼 유아인의 경우는?

류: 애를 많이 먹었어요. 유아인이 애를 먹인 게 아니라, 그 역할이 유명 배우들한테 다 돌았는데, 다 까였어요. 일단 청춘스타들은 광고와 한류 시장에 영향을 받을까봐 까이고, 그래서 조금 에이지를 올려서 접근을 해보면 영화가 서도철 중심으로 가니까 자기가 묻힐 것 같아서 까이고, 기억도 안날 만큼 꽤 많이 까였어요. 승범이한테도 줘봤더니, 형 우리가 이렇게 하면 〈부당거래〉 재판이잖아, 그러면서 까였어요.

유아인과의 인연은, 유아인의 초기 영화 〈우리에게 내일은 없다〉를 제가 좋아해서 시네코아가 있을 때, 폐관하기 전에 마지막 프로그램이었는데 그거 보고 뒤풀이에서 유아인을 만난 적이 있었어요. 그때는 유아인하고 작업한다는 생각을 전혀 하지 않았었죠. 그 이후 《아레나》라는 남성 잡지에서 하는 시상식에서 저는 〈부당거래〉로 상을 받고 유아인은 그때 〈완득이〉로 상 받아서 만났죠. 그렇게 두 번 만났어요. 그리고 나중에 같은 시상식에서 〈베테랑〉으로 둘 다 상을 받았죠.

〈부당거래〉와 〈완득이〉로 상을 받은 뒤 몇 년 후 부산영화제에서 만나, 다음 작품 뭐해요, 그런 얘기 하다가 자연스럽게, 물론 사심은 있었지만, 제 다음 영화 얘기를 해주니까 유아인이 그 자리에서 대본 보고 싶다고, 자기 이 메일 주소를 알려주면서 보내달라고 했어요. 그래서 바로 보내고, 그때 단편 〈유령〉을 찍고 있을 때였는데, 전화가 온 거예요. 자기가 하겠다고, 되게 재밌겠다는 거예요. 그런데 그때 유아인한테 대본을 보낼 때는, 그 간 하도 까였으니까 인물에 대해서 조태오가 나빠야 하는 이유들이 있어야 할 듯해, 애가 사실 외로운 애고 등등, 그런 걸 추가해서 보냈는데 유아인이 먼저 걔 그냥 나쁜 놈이면 안 돼요? 뭐 이렇게 사연이 많아, 이러는 거예요. 그래서 "네가 깔까봐 그랬지, 네가 그렇게 해주면 좋지." 이렇게 캐스팅이 된 거예요. 그나저나 부산국제영화제가 사태가 심상치 않은데, 만의 하나 부산영화제가 잘못되면 그런 캐스팅도 없을 텐데, 해외 프로젝트들 관련 논의도 부산영화제에서 많이 이루어지는데, 염려 되네요.

전: 유아인이 하지 않았으면 조태오 캐릭터의 임팩트가 그렇게 살지 않았을 것 같아요. 결과적으로 조태오 역을 퇴짜 놓은 사람들은 〈베테랑〉을 통해 잡을 수 있는 기회를 놓친 거죠. 사실 연기자로서 유아인이 훌륭한 게 그런 적극성일 텐데, 〈완득이〉 때도, 이한 감독한테 들으니까 처음에는 이한 감독이 유아인을 내켜하지 않았는데, 오히려 유아인이 먼저 〈완득이〉를 하겠다고 세 번이나 찾아와서 결국 하게 됐다고 하더군요. 헌데 유아인이 〈완득이〉를 안 했으면 〈완득이〉도 성공 못했을 거고, 오늘 날의 유아인도 존재하지 않았을 거라는 게 제 생각이죠. 유아인은 〈밀회〉 같은 TV 드라마도 있긴 하나, 영화에서는 〈완득이〉로 강한 인상을 주는데 성공했고, 〈베테랑〉으로 정점을 찍는 게 아닌가 싶어요. 그게 〈사도〉로 이어졌고요.

류: 유아인의 행보가 다른 배우들에게도 영향을 줬어요. 이번 〈군함도〉를 준비하면서 송중기를 만났는데, 〈베테랑〉 대본이 송중기한테는 간 적이 없지만, 군대에 있으면서 직접 구해서 봤나 봐요. 군대에서는 뭘 많이 읽으니까요. 송중기가 〈베테랑〉 대본을 읽었는데, 만약에 〈베테랑〉 대본이 자기한테 왔으면 자기는 안했을 것 같다고 하더군요. 조태오라는 인물이 밑도 끝도 없고 그러니까요. 그런데 영화를 보니까 "아 저렇게 해도 되는구나"라고 생각했다고, 그런 얘기를 하더라고요. 유아인의 선택과 행보

가 주변에 적지 않은 영향을 미친 것 같아요.

악역 유아인의 매력, 감독이 캐릭터에 부여한 것 아냐

전: 실제로 영화를 보면서, 유아인 캐릭터가 분명히 악당이지만 전적으로 악당이라기보다는 상당히 매력적인 악당인데, 그게 유아인의 매력인지, 아니면 감독으로서 캐릭터에 부여한 매력인지 궁금했어요.

류: 저는 유아인의 매력인 것 같아요. 실제로 저도 영화가 성공하고, 나이가 드니까 제가 이전에 못 만나 봤던 그룹의 사람들을 만나면서, 아 진짜로 저런 쓰레기가 있구나, 이런 게 보여요. 제가 최근에 사람을 만나면 무조건 하대하는 사람을 만났어요. 헬스클럽에서 만난 사람인데, 트레이너들한테 일단 다 반말이고, 진짜 막 대해요. 거기 있는 여직원한테 열쇠도 집어 던지고, 자기 말을 하면 듣지 않는다고 소리 지르고, 다른 사람 운동할 때는 매트에서 운동할 때 신발 벗으라고 뭐라 그러고, 자기는 실내 골프할 때 거기 바닥에 침 뱉고 그러더라고요. 하도 이상해서 알아보니까, 그 사람이 부산지검장 출신에 지금 김 앤 장 변호사예요. 근데 법조인이라는 사람이 그 작은 사회 안에서 최소한의 룰도 안 지키고, 자기 뜻대로 안될 때 화를 내는데, 스물일곱 먹은 자기 아들도 똑같아요. 진짜 있구나, 저런 사람이. 그런데 보면 하버드 출신이에요. 그런 사람들이 너무 많아요. 그런데 그게 거슬러 올라가보면 친일청산이 안 되서 그런 거예요. 생각해보세요. 예순 셋 먹은 사람이 그때 하버드까지 갔다 올 정도면 좋은 집안이라는

건데, 물론 다 그런 건 아니지만, 아 그래서 그런 사람들을 보면서, 제가 진짜 실제로 조태오를 봤다고 생각하면 정말 짜증날 것 같아요. 그런 캐릭터를 체육관에서 봤을 때, 언젠가 그 행동을 영화에 써먹을 건데, 그걸 화면에서 보면 어떤 역할을 누가 하느냐에 따라 달라지잖아요. 예를 들면 〈범죄와의 전쟁〉 최민식 캐릭터를 보면 정말 말도 안 되는 캐릭터잖아요? 경찰서 가서 "내가 느그 서장하고 임마 밥도 먹고 임마", 그런 걸 보면 웃기잖아요. 그런데 실제로 보면 이건 굉장히 큰 사회 질서를 해치는 행위를 하는 사람인데, 영화적으로는 매력이 생긴단 말이죠. 그러니까 저는 배우에게 어떤 매력을 주려고 했던 게 아니지만 유아인 자체가 캐릭터에 숨결을 불어넣어서 매력을 만든 것이죠. 그래서 저 역할은 누가 하냐에 따라 굉장히 달랐을 것 같아요. 우리가 40년대 필름 누아르 악당들을 보면 누가 하냐에 따라 다르잖아요. 제임스 케그니가 하는 방식, 애드워드 로빈슨이 하는 방식이 다 다르잖아요. 그러니까 관객들이 봤을 때 호감을 만들어준 건 유아인의 공이 굉장히 큰 거죠.

전: 유아인은 그런 자신감이 있었기 때문에 하겠다고 한 거겠죠.

류: 초반에는 유아인도 되게 힘들어 했어요. 왜냐하면 그때 〈밀회〉와 겹치기 촬영을 하고 있었거든요. 낮에는 순수 청년의 결정체를 연기하고 밤에 오면 수트 갈아입고 나쁜 역할을 하려니 적응이 안 된 거죠. 유아인이 그런 수트 입고 연기한 게 처음이었대요. 또 〈베테랑〉이 되게 자극적인 게 외국 관객들 보면 반응이 되게 세게 오거든요. 검열에서 금기시 하는 세 개를 다 건드려요. 여성을 학대하고, 아동을 학대하고, 동물을 학대해요. 그

러니까 여성과 아동과 동물을 학대하는 그랜드슬램을 달성한 거예요. 그러니 유아인을 보면서 매력을 느끼는 것도 이상할 정도죠. 하여튼 그런 행동을 하는데도 설득력 있게 뭔가를 보여주고 관객으로 하여금 매력을 느끼게 한다는 건 그 친구의 재능인 거죠.

윤: 그러니까 그 캐릭터의 매력이 아니라 그걸 너무 훌륭하게 소화해 낸 유아인 씨의 매력인거죠.

전: 캐릭터는 매력 있는 게 아니죠. 그건 그냥 악당이죠.

류: 그래서 세 번째 촬영까지는 되게 힘들어했어요. 저도 어떻게 잡아야 할지 모르겠고. 그러다가 배기사 폭행하는 장면을 찍고 나서부터 확 왔어요. 배기사 폭행하면서 배기사 아들 목을 잡고 똑바로 보라고 하고 낄낄거리고 웃고 그러는 장면을 찍었는데 그 장면을 찍고 스태프들의 분위기도 확 달라졌어요. 그 전까지는 여자 스태프들이 유아인 오면 좋아했는데, 그런 게 사라졌죠. 스태프 중에 한 명은 저기 들어가서 유아인 때리고 싶다고 화내고 그랬어요. 참 순진하죠. 영화인데(웃음). 하여튼 유아인 본인도 그걸 하고 나니까 어떻게 해야 할지 감을 잡더라고요. 그래서 그 장면 이후로는 굉장히 순조롭게 진행 됐어요. 저도 그냥 딱 맡기고 구경만 하면 됐어요.

그리고 〈밀회〉가 호응이 좋았잖아요. 조태오가 체포 되서 법원에 출두하는 장면을 영화 중간에 실제 법원에서 찍었어요. 주말이라 법원에서 결혼식을 하더라고요. 유아인이 버스에서 내리니까 거기 아줌마들이 "아휴, 쟤 결국 잡혀 들어가는 구나", 이러는 거예요. 〈밀회〉에서 잡혀가는 줄 알고. 그래서 나중에 조태오는 결국 간통으로 들어간 거야, 그러면서 웃었어요(웃음).

황정민 캐릭터가 현실성이 결여되어 있는 것 아니냐

전: 캐스팅 이야기는 이 정도하면 될 것 같고, 사실 보면 황정민 캐릭터가 현실성이 결여되어 있는 것이 아니냐는 지적이 많이 나왔는데, 그런 점에서 감독의 욕망, 판타지가 작동한 것으로 볼 수 있는 거지요?

류: 저는 그 지점에서 대해서는 자신 있게 말 할 수 있어요. 명확하게 그 모델이 있어요. 서도철의 모델. 물론 그건 사실이죠. 제가 VIP 시사회 때 꼭 모셔서 연출하고 싶었던 광경이 있었는데, 강우석, 안성기, 박중훈, 설경구 네 분을 모두 한 자리에 모셔놓고, 그리고 무대 인사를 하고 싶었어요. '형사 영화' 의 기초를 닦아준 분들이었기에. 물론 다 스케줄이 바쁘셔서 안됐죠. 어쨌든 80년대 미국 형사 영화들, 80년대 형사 영화들의 액션 영웅들, 80년대 홍콩의 재키 찬 등 영웅들, 한국 90년대 이후에 형사 영웅들, 강철중 등의 영향이 있죠. 심지어는 처음에 투자사 CJ에서 아주 진지하게 이 영화를 〈공공의 적 4〉편으로 가자라는 말도 있었어요. 그렇게 4편으로 가면 무조건 500만은 깔고 시작한다, 고. 저는 "그러면 당신들이 공공의 적이 된다", 고 말했었는데(웃음), 그들은 정말 진지했어요. 어쨌든 많은 관객들이 강철중의 영향 아래 있다고 했고, 저도 그걸 부인할 생각은 없어요. 하지만 강철중하고 다른 건 뭐냐면, 강철중은 되게 센 사람이고, 눈이 딱 자기가

원하는 것에만 집중되어 있는데, 서도철은 눈치를 되게 많이 보는 캐릭터거든요. 그리고 가장 큰 차이는 강철중은 진급에 신경을 안 쓰는데, 서도철은 진급에 굉장히 신경 쓰는 사람이에요. 그리고 가장으로서의 강철중은 가정에 대한 얘기는 하지만 그 가정이 거의 안 나와요. 그런데 저는 형사라는 직업을 가진 가장이라는 게 되게 중요했거든요. 한 집안의 가장이면서, 형사라는 직업을 가진 사람. 〈리썰 웨폰〉의 데니 글로버도 또 다른 주연 멜 깁슨의 파트너죠. 그 영화도 가족을 잃어버렸던 사람이 가족을 회복하는 과정이잖아요. 그렇게 치자면 〈베테랑〉은 되게 보수적인 가치관을 지닌 영화에요. 자기의 가치관을 지키려고 하고, 자기의 가족을 지키려고 하고, 자기 공동체를 지키고 싶어 하고, 사회질서를 유지하려고 하고. 그런데 강철중은 사실 아나키스트죠. 소속은 있는데 조직의 규범에서 마구 엇나가죠. 서도철은 한 번도 경찰 규정에서 벗어나지는 않아요. 그 규정 안에서 움직여요. 그러니까 많은 재벌들과 여담꾼들이 불편해 할 필요가 없는 영화에요.

윤: 〈베테랑〉 개봉하고 몇 주 뒤에 경찰청 인권영화제에 가서 청장님 이야기하시는 걸 들었는데, 그 전날 〈베테랑〉을 보셨다고 하시더라고요. "픽션이기 때문에 과장된 점도 있지만, 영화가 현실보다 더 현실적으로 경찰을 보여주는 것 같다" 이렇게 말씀하셨어요.

류: 그건 자기들이 멋있게 나와서 그런 거고, 저는 오히려 형사들보다 제가 모델로 삼은 사람은 주진우 기자에요. 그 다음에 형사들 중에 도움 준 사람 중에서 자기 이름 올리지 말라 그런 사람이 있는데, 그 둘이 이 영화

에 영향을 제일 많이 줬어요. 주진우 기자는 자기가 위험해질 상황에 처할 걸 알면서 밀어붙이고 하는 걸 보면서 많은 영향을 받았아요. 저는 영화감독과 형사와 기자가 약간 비슷하다고 생각하거든요. 실제로 저렇게 일하는 사람들이 있어요. 형사들 중에서도 예전에 한화사건 있을 때, 그걸 파고 들어가다가 좌천된 경찰들이 있거든요. 남대문 경찰서에.

전: 그러니까 사실 어떤 사회가, 정의라는 거창한 표현을 쓰지 않으려고 해도, 정의로우려면 그런 사람이 있어야 하고 그런 사람 수가 늘어나야 하는데, 현실은 그런 사람을 제거하려고 하니까 문제가 생기는 거겠죠.

류: 그게 없으니까 판타지로 보인다는 거죠.

전: 사실 나도 서도철처럼 살고 싶은 사람 중 한 명인데, 그런 지향을 가지고 계속 살아왔는데, 실제로 현실에서는 그러기가 너무 힘들긴 하죠.

류: 잘 안되죠. 저도 장담하기는 힘든데, 저는 항상 제 세대나 제 앞 세대한테 이야기하는 방식의 영화를 만들었는데, 〈베테랑〉은 내 다음 세대들과 소통하는 영화를 만든 게 아닐까 생각해요. 이를테면 어렸을 때 서부 영화를 보면서 여자와 아이들은 보호해야한다는 개념을 배웠단 말이죠. 영화를 통해서. 그래서 나중에라도 한번 경험해보고 싶은 건, 어려운 상황에서 누군가를 구한 경찰이 인터뷰를 하면서 〈베테랑〉을 보고 형사의 꿈을 키웠다는 사람을, 10대 중 누군가가 〈베테랑〉을 보면서 저런 쿨한 형사가 되고 싶다는 사람을, 죽기 전에 한번이라도 볼 수 있다면 좋을 것 같아요.

이 영화를 보고 사람들이 반성하고 그러지는 않을 것 같아요. 기업가들도 저 만나면 자기 안 그런다고 그러고, 재벌가에서는 화내는 사람들도 많았데요. 다들 자기가 보고 싶은 것만 보고 듣고 싶은 것만 들으니까. 그런데 아직 성장하는 친구들은 다르잖아요. 어떤 한사람만이라도, 괜찮은 친구들을 세상에 나오게 하는 그런 역할을 하고 싶어요.

전: 영화가 주는 사회적 파급력을 생각하면 그런 사람이 생각보다 많을 거예요. 그런 사람 자체가 "내가 〈베테랑〉을 보고 영향을 받아서 형사가 되려고 한다", 이런 말을 하지는 않아도, 꽤 많을 거예요. 그래서 대중적인 성공을 거둔다는 게 의미 있는 걸테고요.

류: 〈부당거래〉 같은 영화를 보고 부끄러움을 느낄 만한 사람이 있을 거예요. 그런데 서도철 같은 사람들이 절대로 잘 살 수는 없겠죠? 그러니까 저는 〈베테랑〉의 속편을 만들게 되면 어떤 과정이 되든지, 서도철 팀은 다 깨져있을 거예요. 그래서 이런 걸로 시작하고 싶어요. 다 흩어진 서도철 팀의 이야기. 실제로 그렇게 사는 사람들이 있겠죠. 그런 사람들을 응원하고 "당신이 없으면, 우리 사회는 더 심각할 것이다", 이렇게 말해주고 싶어요.

"우리가 돈이 없지 가오가 없냐?" 대사의 비하인드 스토리

전: 시간상 마무리를 해야 하는데, 이 영화를 통해서 유명해진 대사 "우리가 돈이 없지 가오가 없냐?", 이 대사는 어떻게 사용하게 된 것인가요?

류: 제가 몇 년 전에 김동호 위원장님 사진전 할 때 갔다가 강수연 선배를 봤어요. 그 선배가 뒤풀이에서 일어나서 "우리가 돈이 없지 가오가 없어? 마셔!" 이러는데 너무 멋있더라고요. 그래서 이걸 써놓고 "어디다 써먹어야지", 벼르다가 여기다 썼어요. 그래서 시사회 때 강수연 선배를 모셨는데 영화를 보면서 계속 "어머 이거 내 대사야", 그러셨죠. 나중에 연락해서 저작권 어떻게 할 거냐고, 변호사랑 연락하라고 그러고. "우리가 사법적으로 만나는 거보다는 다른 방법이 있지 않을까요?" 그랬더니 "소맥으로 해결할까?" 이러셨는데(웃음). 결국 "돈이 없지 가오가 없냐"라는 맥락을 잘 살펴보면, 많은 사람들이 강수연 선배한테서 그 말을 들었다고 하니까, 강수연 개인이 하기에는 돈도 많은 사람이 그런 말을 해, 그러시는데 사실은 강수연 선배가 하는 대사에 의미가 있어요. 같은 영화인으로서 저의 추측인데, 강수연 선배가 아역부터 시작하신 분이잖아요. 7~80년대 영화 현장이라는 것은 직업적으로는 완전히 천대 받던 현장이었는데, 방송국 사람들은 현장에서 밥을 같이 안 먹잖아요. 근데 영화하는 사람들은 밥을 같이 먹는 전통이 있죠. 이게 옛날에 개런티를 제대로 못 주니까 밥은 꼭 먹여서 보내주는 거예요, 사무실에 오면. 술자리에서 술 먹고 이러면 좋은 안주가 뭐가 있겠어요? 그렇게 강수연 선배가 성인 배우가 되고 나서는 제작사에서 회식 자리 같은 거 제대로 안 만들어주면 배우들이 술을 샀는데, 거기서 스태프들이 위축되어 있으면 얼마나 속이 상하겠어요. 그러면 그 사람들에게 강수연 선배의 성격상 이렇게 말을 하는 거죠. 그 정확한 대사는 "우리 영화인들이 돈이 없지 가오가 없어?" 이거였어요. 그러니까 스태프들이 힘들 때 "영화하는 게 죄인가?" 이런 생각이 들까봐, 그런 말을

하지 않았을까 추측해 봐요.

전: 한국영화 중에 이렇게 뜬 대사가 있나요? 말장난 식으로 하는 거 말고, 우리의 상황과 마음가짐을 잘 대변해주는 것 같아요. 그런 마음 없으면 못 버티잖아요. 나는 류 감독이 그렇게까지 마음 고생한지 오늘 알았는데, 얼마나 많은 사람들이 이렇게 고생하면서 힘들게 버틸지? 〈부당거래〉, 〈베를린〉, 〈베테랑〉 이게 불과 4.5년 동안 나온 작품들인데, 그동안 버텼으니까 지금 이런 순간이 온 거겠죠?

류: 제가 〈짝패〉에서도 썼던 게, "강한 놈이 오래 가는 게 아니라 오래 가는 놈이 강한 거다"라는 말, 그건 이건 제가 복싱하면서 배운 말이에요. 평소에도 잘 쓰는 말인데 챔피언 되는 사람들이 절대 펀치만으로는 챔피언이 못되거든요. 맷집이 없으면 안 되거든요. 때리는 것만큼 잘 맞아야 되는데 때리는 것만 아는 사람들은, 맞는 연습이 안 된 사람들은, 옆구리 한 데 맞으면 주저앉아 버리거든요. 그러니까 때리는 것만큼 맞는 게 연습이 되어야 해요. 복싱을 하려면요. 그런데 저는 워낙 어렸을 때부터 맞으면서 컸어요. 그래서 괜찮았어요. 그런데 가족이 생기고 나이가 드니까 겁이 많아지는 거예요. 그런데 주진우 같은 사람들은 겁이 없으니까, 제가 아직도 "와 대단하다"라고 하는 거죠.

전: 겁이 없는 게 아니라 잘 견디는 거겠죠?

류: 배우들도 그렇고 우리영화 스태프들 모두가 놀랐을 거예요. 그리고

우리 영화는 작년 여름 그렇게 핫한 영화가 아니었어요. 시사회하기 전까지도. 그냥 뭐. "액션 영화 하나, 그 사람이 만들었네" 이거였죠. 〈미션 임파서블〉도 있었고, 〈암살〉도 있었죠. 그러니까 우리는 우리가 선두에 설 수 있을 거라는 생각을 전혀 못했었어요.

윤: 원래 봄에 개봉하려고 하시다가 내부 시사회에서 반응이 좋아서 여름으로 돌리자고 했다던데 맞나요?

류: 원래는 재작년 추석 개봉을 하고 싶었어요. 명절 개봉을 하려고 했었는데 우리가 작업이 늦여름에 끝나서 도저히 못 맞추고 겨울 개봉으로 가자고 했는데, 〈국제시장〉이라는 큰 영화가 턱하니 버티고 있으니까, 〈국제시장〉 피해서 설에 개봉하려니 황정민 오달수가 너무 떠서 안 됐고, 5월은 〈어벤져스 2〉 때문에 안 되고, "내년에 개봉해?" 그랬거든요. 그러다가 그럼 "6월로 가자" 그랬어요. 그런데 그 때 배급팀장이 한여름에 개봉하겠다는 거예요. 그래서 말도 안 되는 소리하지 말라고 그랬죠. 사실 감독들에게 흥행 안 되는 거보다 더 무서운 게 아예 언급이 안 되는 거예요. 그러니까 자신이 없는 거예요. "톰 크루즈도 한국 온다는데, 우리 완전히 묻힌다. 아무것도 안 보인다." 그랬더니 배급팀장이 되게 자신 있어 하는 거예요. 그래서 "무슨 얘기냐고, 쟤 누군데 자꾸 와서 저런 소리 하냐" 고 그랬었는데, 제가 나중에 배급팀장한테 가서 미안하다고 그랬죠. 재밌었던 게 뭐냐면 5월 달에 블라인드 시사회가 있었는데 그 점수가 기록적으로 나온 거예요. 무슨 일이지 알아보니 그 날이 땅콩회항사건이 터진 날인 거예요. 그래서 제가 이건 정상적인 반응이 아니다. 조금 시간이 지나고 나서 다시 해봐

야 한다, 그랬어요. 그런데 그 다음에 했는데도 반응이 비슷했어요. 그러니까 그때 사람들이 자신감을 얻어서 이 생각만 있었죠, '아, 이게 손해는 안 보겠구나' ….

완전 다른 세계의 영화 잘 만들고 싶은 마음뿐이죠.

윤: 인터뷰 시작할 때 최근 〈룸〉과 〈스포트라이트〉를 좋게 보셨다고 하셨는데, 저는 이 두 작품이 각기 다른 방식으로 한국 영화에서 여태까지 보여주지 못했던 것들을 성취한 영화이기 때문에 그렇게 보신 게 아닌가 하는 생각이 들었어요. 두 작품 다 엄청난 파장을 일으킬 수 있는 실화를 바탕으로 하고 있음에도 불구하고 한국영화와는 성격이 다르죠. 한국영화들은 지레 만든 사람들이 "어떻게 이럴 수가 있어?" 이렇게 흥분하면서 보는 사람들로 하여금 분노를 일으키고, 화가 나게 하는 만드는 그런 느낌이잖아요. 근데 〈스포트라이트〉는 사건 자체를 파고 들어가는 그 과정에 집중하고 있고, 〈룸〉이라는 영화는 아예 사회적 이슈로서의 성격은 거의 덮고 그런 사건을 당한 두 인물의 감정에 집중하고 있죠.

〈베테랑〉은 물론 한국영화들의 계보 안에서 완전히 벗어나 있다고 하기는 어렵지만, 오락성으로 아주 무거운 이야기를 조금은 보기 수월하게 만들어주었다고 생각을 하거든요. 판타지도 있고요. 〈내부자들〉도 오리지널이 아닌 버전에서는 똑같이 그런 판타지로 결말을 가져갔잖아요? 영화가 관객들을 분노시키고 사회적 담론을 형성할 뿐 아니라 이런 얘기도 얼마든지 오락적으로 풀어낼 수 있다는 점에서 더욱 즐겁게 다가왔기 때문에 성공을 거둔 것이 아닐까요. 여태까지 감독님은 장르영화를 찍어오셨고 〈부당거래〉부터 새로운 시도들을 하고 계시는데, 이제 열 번째 작품을 준비하면서 류승완이 뛰어넘어야할 것은 류승완인 것 같거든요.

류: 제가 맨 처음에 소감에서 부끄럽다고 말씀을 드렸던 것은 겸손이 아니라 영화제를 하고 순위를 매겨서 발표하고 이런 것들이 무슨 의미가 있나 싶어서였거든요. 저는 21세기 들어 칸을 중심으로 벌어지는 경쟁영화들이 굉장히 의미 없어 보여요. 마카오에서도 그런 느낌이 들었는데, 예전에 정보들이 국가별로 통제되고 국가들이 멀리 있고 서로 문화들이 못 섞일 때야 이런 영화제에 영화들이 한데로 모인다는 의미가 있었지만, 부산영화제에서도 그렇게 영화들의 장, 이렇게 장이 펼쳐서 있는 게 중요하지, 순위는 그렇게 의미가 없어 보여요. 사람들의 기본 욕망 자체가 이런 순위를 재미있어 하기 때문에 순위를 뽑기는 하지만, 이렇게 뽑혔다고 해서 〈베테랑〉이 지난해 진짜 최고의 영화는 또 아니잖아요? 그래서 이 순위가 착시를 일으켜 저를 혼란스럽게 만들 수도 있기 때문에 싫어요. 그래서 제가 자꾸 의도적으로 거리를 두려고 하는 것도 있어요. 물론 이렇게 해놓고 다른 영화가 1등이면 저도 물론 그렇겠죠, 다른 영화에 대해서. 오히려 그거보다 '누군가를 넘어서야한다', 그런 강박을 갖는다고 해서 달라지는 것 같지는 않고, 옛날 영화 팸플릿 같은 거 보면 "이전까지 나의 영화는 습작이었다", 이런 것도 싫고, 그냥 다음 영화 만드는 거예요. 완전 다른 세계의 영화를 잘 만들고 싶은 마음뿐이죠. 그런데 그런 건 있죠. 경험상 제가 완전히 알고 있던 세계를 다루면 결과도 좋고 만족스러워요. 〈주먹이 운다〉나 〈죽거나 혹은 나쁘거나〉, 〈짝패〉같은 경우 시간이 흘러도 계속 언급되는 영

화거든요. 〈주먹이 운다〉가 손익분기점을 못 넘겼어요. 아마 최근에 넘겼을 거예요. 〈짝패〉도 손익분기점을 재작년인가에 넘겼어요. 그런데 그 영화들은 지금도 당당해요. 내가 아는 세계를 그냥 솔직하게 다루고 있는 영화여서.

헌데 〈군함도〉는 내가 경험해보지 못했던 세계고, 그 세계를 알려고 노력해야 하죠. 제가 알고 완전히 육화 되서 만들어야 공감을 시키건 감동을 주건 하잖아요. 그러니까 '나를 뛰어 넘어야겠다' 이런 게 아니라, 〈군함도〉의 사람들과 그 섬을 아는 게 지금 저한테는 더 중요해요.

전: 당사자하고 평가하는 사람은 기본적으로 다른 시선을 가지고 있죠. 예를 들면, 순위 매기고 이런 거 자체가 무슨 의미가 있냐 싶다가도, 또 한편으로 자기가 생각하는 것과 타인이 생각하는 것 사이에는 차이가 있을 수도 있고 부합할 수도 있는데, 인정이라는 것의 객관적 지수라는 측면에서 상대적으로 "이런 평가가 있군" 정도인 거죠. 아까 이야기 했듯이 어떤 영화의 평가에 대해서 동의하지 않는 사람도 있는 것이고. 천만 영화가 나오면 제일 많이 하는 소리가 "이게 무슨 천만 영화냐?" 이 말인데, 그렇게 따지면 한편도 천만 영화 나오면 안 되거든요? 그러니까 자기가 동의하지 않는 영화가 천만 넘는다고 해서 핏대 세워 욕할 것도 없죠.

류: 그런데 그게 숫자놀음으로 변해 버리니까…

전: 그런 숫자놀음 따위에 본인이 취하지 않으려고 노력하는 게 중요하겠죠. 또 어떤 사람은 순위를 즐기는 사람도 있기도 하죠. 그걸 건방지다고

욕할 수도 없을 거예요. 분야와 관계없이 그러지 않으려고 노력하는 사람이 있는 한편, 그런 사람도 있기 마련이니까요. 그래서 저는 살면서 굉장히 노력하는 게, 뭘 할 수 있는 위치에 있을 때 그에 대해 너무 잘난 척하거나 그걸 너무 즐기려고 하면 안 되겠구나, 그런 이런 생각을 하면서 살아왔죠. 그런데 그러다 보니 오해를 받기도 하더라고요. "너는 왜 이렇게 자꾸 마이너니?" 라고 말을 듣는 거예요. 하지만 저는 마이너지향적인 삶을 사는 게, 힘이 없는 누군가에게 힘을 주는 게 내 삶의 목표니까 좋아하죠. 2015년 한국영화 중 〈베테랑〉이 1위라는 것은 하나의 상징이죠. 물론 "〈베테랑〉이 무슨 1위야?" 라고 생각하는 사람도 있을 수 있는 것이고, 그런 사람이 지지하는 영화를 보면 또 더 많은 사람이 "에이" 라는 생각을 할 수도 있는 것이고요. 그런 점에서 순위가 아예 의미가 없는 것은 아니라고 생각해요.

윤: 의미 없는 것은 아니죠. 저는 영화인의 한 사람으로서 그냥 그 해 나온 영화들을 쭉 정리하면서 여러 가지 면에서 가장 영향력 있는 영화들에 전하는, 수고 많았다는 표현인 것 같아요. 즐거움을 선사해주셔서.

류: 말은 이렇게 하지만 저도 좋죠. 예를 들면 그런 거죠. 지금 〈베테랑〉도 영화 자체의 완성도가 만들어 낸 것이 아니라 시대가 만들어낸 반응이라고 한다면 몇 년만 지나도 이에 대한 비판적인 평가가 나올 거라는 거죠. 그런 비판이 나올까봐 한편으로 두려움이 있는 거죠. "이게 진짜 반응인가?" 라는 의문과 함께.

전: 처음에 〈사울의 아들〉 이야기했지만, 저도 〈사울의 아들〉에 대해서

어느 정도 인정하지만, 대단하다고 생각하지는 않아요. 저는 오늘의 외국 영화 중 최고작으로 뽑힌 〈매드 맥스〉와 〈사울의 아들〉 중에 〈사울의 아들〉을 어떤 곳에 추천하기는 했지만요. 지향 상 〈매드맥스〉보다는 〈사울의 아들〉이 더 끌리니까요. 그런데 그 영화를 지난해 칸영화제에서 보며 그렇게 놀라지도 않고 큰 감명을 받지도 않았어요. 그러나 〈사울의 아들〉에 대한 평가에 동의하지 않는다고 해서 그 영화가 그렇게 가치 없는 영화라는 건 아니죠. 누군가에게는 충분히 가치 있는 영화일 거예요. 이제 마쳐야겠네요. 시간 내주셔서 감사하고 좋은 답변 감사합니다.

류: 감사합니다.

【 '작가' 가 선정한 오늘의 영화 】 시리즈

2006 '작가' 가 선정한 **오늘의 영화**_2006 이준익 감독 〈왕의남자〉 外
기획위원 / 강유정 김서영 강태규　신국판 / 값 9,500원

2007 '작가' 가 선정한 **오늘의 영화**_2007 김태용 감독 〈가족의 탄생〉 外
기획위원 / 강유정 이상용 황진미　신국판 / 값 9,500원

2008 '작가' 가 선정한 **오늘의 영화**_2008 이창동 감독 〈밀양〉 外
기획위원 / 유지나 강태규 설규주　신국판 / 값 10,000원

2009 '작가' 가 선정한 **오늘의 영화**_2009 장훈 감독 〈영화는 영화다〉 外
기획위원 / 유지나 전찬일 강태규　신국판 / 값 10,000원

2010 '작가' 가 선정한 **오늘의 영화**_2010 봉준호 감독 〈마더〉 外
기획위원 / 유지나 전찬일 강태규　신국판 / 값 10,000원

2011 '작가' 가 선정한 **오늘의 영화**_2011 이창동 감독 〈시〉 外
기획위원 / 유지나 전찬일 강태규　신국판 / 값 12,000원

2012 '작가' 가 선정한 **오늘의 영화**_2012 이한 감독 〈완득이〉 外
기획위원 / 유지나 전찬일 강태규　신국판 / 값 12,000원

【 '작가' 가 선정한 오늘의 시 】 시리즈

2002 '작가' 가 선정한 오늘의 시&시조_고두현 「귀로」 外

기획위원 / 이우걸 장경렬 이경철 유성호 홍용희 김춘식 신국판 / 값 7,000원

2003 '작가' 가 선정한 오늘의 시_신경림 「낙타」 外

기획위원 / 이지엽 맹문재 오형엽 신국판 / 값 8,000원

2004 '작가' 가 선정한 오늘의 시_문태준 「맨발」 外

기획위원 / 문혜원 맹문재 유성호 신국판 / 값 8,000원

2005 '작가' 가 선정한 오늘의 시_문태준 「가재미」 外

기획위원 / 문혜원 맹문재 유성호 신국판 / 값 8,000원

2006 '작가' 가 선정한 오늘의 시_송찬호 「만년필」 外

기획위원 / 유성호 박수연 김수이 신국판 / 값 9,500원

2007 '작가' 가 선정한 오늘의 시_김신용 「도장골 시편-넝쿨의 힘」 外

기획위원 / 유성호 박수연 김수이 신국판 / 312쪽 / 값 10,000원

2008 '작가' 가 선정한 오늘의 시_김경주 「무릎의 문양」 外

기획위원 / 이형권 유성호 오형엽 신국판 / 312쪽 / 값 10,000원

2009 '작가' 가 선정한 오늘의 시_송재학 「늪의 內簡體를 얻다」 外

기획위원 / 이형권 유성호 오형엽 신국판 / 328쪽 / 값 10,000원

2010 '작가' 가 선정한 **오늘의 시**_진은영 「오래된 이야기」 外

기획위원 / 유성호 홍용희 이경수 신국판 / 296쪽 / 값 10,000원

2011 '작가' 가 선정한 **오늘의 시**_심보선 「'나' 라는 말」 外

기획위원 / 유성호 홍용희 함돈균 신국판 / 288쪽 / 값 12,000원

2012 '작가' 가 선정한 **오늘의 시**_안도현 「일기」 外

기획위원 / 유성호 홍용희 함돈균 신국판 / 304쪽 / 값 12,000원

2013 '작가' 가 선정한 **오늘의 시**_공광규 「담장을 허물다」 外

기획위원 / 유성호 홍용희 함돈균 신국판 / 256쪽 / 값 12,000원

2014 '작가' 가 선정한 **오늘의 시**_이원 「애플 스토어」 外

기획위원 / 유성호 홍용희 함돈균 신국판 / 272쪽 / 값 12,000원

2015 '작가' 가 선정한 **오늘의 시**_유홍준 「유골」 外

기획위원 / 유성호 홍용희 함돈균 신국판 / 245쪽 / 값 14,000원

2016 '작가' 가 선정한 **오늘의 시**_박형준 「칠백만원」 外

기획위원 / 유성호 홍용희 함돈균 신국판 / 264쪽 / 값 14,000원

이 도서의 국립중앙도서관 출판시도서목록(CIP)은 e-CIP 홈페이지
(http://www.nl.go.kr/ecip)에서 이용하실 수 있습니다.
(CIP 제어번호 : CIP2016009833)

2016 '작가'가 선정한 오늘의 영화

2016년 4월 19일 초판 1쇄 인쇄
2016년 4월 22일 초판 1쇄 발행

지은이 | 유지나 류승완 전찬일 외
펴낸이 | 孫貞順
펴낸곳 | 도서출판 작가
서울 서대문구 이화여대8길 62 104-909(03769)
전화 | 365-8111~2 팩스 | 365-8110
이메일 | morebook@morebook.co.kr
홈페이지 | www.morebook.co.kr
등록번호 | 제13-630호(2000. 2. 9.)

기획위원 | 유지나 전찬일 이재복 강태규 손정순
편집 | 김이하 정여진 최서영 설재원
디자인 | 오경은
영업 · 관리 | 이용승

ISBN 978-89-94815-59-6 (03680)

값 14,000원